Annette Pehnt

**Man kann sich auch wortlos
aneinander gewöhnen
das muss gar nicht lange dauern**

Annette Pehnt

Man kann sich auch wortlos aneinander gewöhnen das muss gar nicht lange dauern

Erzählungen

Piper München Zürich

Mehr über unsere Autoren und Bücher:
www.piper.de

Von Annette Pehnt liegen im Piper Verlag vor:
Ich muß los
Insel 34
Herr Jakobi und die Dinge des Lebens
Haus der Schildkröten
Mobbing

Mix
Produktgruppe aus vorbildlich bewirtschafteten
Wäldern und anderen kontrollierten Herkünften
www.fsc.org Zert.-Nr. GFA-COC-001223
© 1996 Forest Stewardship Council

ISBN 978-3-492-05374-7
© Piper Verlag GmbH, München 2010
Satz: Satz für Satz. Barbara Reischmann, Leutkirch
Druck und Bindung: CPI – Clausen & Bosse, Leck
Printed in Germany

Die Zugbegleiterin

Mein Name ist Simone Saalfeld, und ich bin heute Ihre Zugbegleiterin. Mein Name ist Susanne Sieler. Mein Name: Heute ist mein Name Salomé Santrac, und ich begleite Sie auf Ihrer Fahrt von Zürich nach Hamburg. Ich weiß, mein Name ist ungewöhnlich, und dennoch stehe ich Ihnen bei Fragen stets zur Verfügung. Auch sonst, wenn Sie Bedürfnisse haben, wenden Sie sich doch einfach an mich und mein Team. Vielleicht haben Sie Durst oder Hunger oder andere einfache Bedürfnisse, dann kann ich Ihre Wünsche vielleicht sogar an Ihrem Platz erfüllen, erst recht, wenn Sie in der ersten Klasse dürsten oder hungern, erstklassiger Durst wird sehr schnell gestillt, auch der Hunger, wenn es sich um Hunger der harmloseren Art handelt, kann im Handumdrehen aus der Welt geschafft werden, guten Morgen, Fahrkarten bitte, ich muss das sagen, auch wenn

Sie wissen, warum ich auf Sie zukomme, trotz der Geschwindigkeit halte ich mich nicht an den Sitzen fest, sondern eile freihändig und lächelnd auf Sie zu, mein Satz für Sie, und während Sie nach dem Ticket suchen, bleibe ich kurz bei Ihnen stehen, halte mich nun doch mit einer Hand fest, während wir über die Weichen hinter Basel fahren, und werfe einen Blick in das sanft gekrümmte Fenster, mit der Hand fahre ich mir rasch durch die Haare, die etwas strähnig sind und vorne angeknabbert aussehen, obwohl ich weiß, dass es darauf nicht ankommt. Die runden Leuchten schräg über Ihnen strahlen auf Ihre Finger, mit denen Sie flink Ihre Handtasche durchsuchen, die Wände des ICEs kaum merklich um Sie gewölbt. Ich weiß, dass Sie das Ticket finden werden, Sie haben gepflegte weiche Finger und ein bis an die Ränder eingecremtes Gesicht, natürlich haben Sie also auch ein Ticket, und ich bin froh, dass Sie es nicht zur Hand haben; so kann ich kurz neben Ihnen stehen, sanft hin und her getrieben von der Bewegung des Zuges, und Ihnen beim geschickten Suchen zuschauen; es gibt Fahrgäste, die ungeschickt und wild suchen, von Angst ergriffen, dass sie nicht bei uns bleiben dürfen, aber bei Ihnen ist es keine Frage, Sie gehören hier hin und wissen es, und da ist auch schon die Karte, natürlich ist es kein Ticket, sondern die Bahncard 100, Sie haben eine Mitgliedschaft erworben, und wir sind im selben Verein Mitglieder, also im

Grunde eine Familie. Inzwischen haben Sie sich vielleicht sogar an meinen Namen gewöhnt, auch wenn wir nicht gesprochen haben, aber man kann sich auch wortlos aneinander gewöhnen, das muss gar nicht lange dauern. Weil ich mich schon an Sie gewöhnt habe, löse ich mich nur zögerlich von Ihnen, gehe langsam weiter, drehe mich noch einmal nach Ihnen um, Sie haben sich über eine Zeitung gebeugt, die mir eben nicht aufgefallen ist, aber mich können Sie nicht täuschen, ich weiß, dass Sie sich mit der Zeitung über unsere Trennung hinweglesen, bis Sie mich vergessen haben, wenn ich drei, nein fünf oder vielleicht sogar acht Reihen weiter bin und die Dunkelheit über der Landschaft sich unmerklich erhellt hat. Das können Sie nicht sehen, weil die Fenster im Schein der Leselichter schräg über Ihnen schwarz sind und die Landschaft verbergen, auf die es auch nicht ankommt, Ihnen nicht und mir erst recht nicht.

Jeder Platz ist mein Platz, denn auf jedem habe ich schon gesessen, an jedes Fenster schon meinen Kopf gelehnt, jede Armstütze schon heruntergeklappt, ich habe jeden Zug schon überall berührt, das gehört dazu, ich begleite den Zug und berühre ihn an den Stellen, die dafür vorgesehen sind.

Da liegt jemand, der sich eingerichtet hat, Zeitungen auf den Doppelsitz gebreitet, Schuhe ausgezogen, ein süßlicher Geruch kündigt ihn an, die Nachbarreihen um ihn herum sind frei geblieben, er hat sich ein Tuch oder einen Schal über die Augen gezogen und vergessen, dass ich kommen werde. Geschickt hat er sich über den Spalt zwischen den Sitzen hinweg verteilt, den Kopf auf der zusammengerollten Jacke, die hochgeklappte Armlehne im Rücken, es ist nicht bequem, aber das ist ihm egal, er muss etwas wegschlafen und ausschlafen, er kann nur im Zug schlafen, deswegen ist er hier. Seine Müdigkeit schlägt mir entgegen und gleich in die Augen, ich muss sie reiben, vorsichtig, um den Kajal nicht zu verschmieren, der meinem Blick Festigkeit verleiht oder sogar Strenge, die sich mit meinem Namen gar nicht verträgt, ich brauche sie ja auch nicht, ich brauche sie nur, wenn jemand nicht dazugehört und auch nicht bereit ist, eine Mitgliedschaft zu erwerben, und sei es nur die einfachste Sorte, eine Kurzfahrt, eine Pendlerfahrt, ein oder zwei Stationen, eben nicht der Rede wert, nichts, was in meinen Augen wirklich gälte, aber ich drücke beide Augen zu, wenn Sie dabeisein wollen.

Aber dieser hier will nirgends sein und schon gar nicht bei uns, er will schlafen, seine lähmende Schläfrigkeit sackt mir entgegen, es ist ihm egal, wo er ist, er könnte auf irgendeinem Boden in irgendeiner Bude herumliegen und würde sich dort genauso einrollen, er könnte sogar unter einer Brücke oder bei einer Frau liegen, er könnte bei mir liegen, es wäre ihm egal, er braucht keine Karte, er gehört nicht dazu.

Ich stelle mich dicht neben ihn, guten Morgen, in Freiburg noch zugestiegen, Fahrkarten bitte, er bewegt sich überhaupt nicht, er könnte sogar tot sein, und, heftiger als geplant, stoße ich gegen seinen Fuß, der etwas über den Sitz hinausragt, weil eine Bewegung des Zuges mich ihm entgegen presst. Er zieht den Fuß zurück, aber ich gebe nicht nach, ich drücke mit den Knien gegen seinen Fuß, bis er mit einer raschen Bewegung das Tuch von den Augen reißt und mich anstarrt.

Mein Name heute ist Salomé Santrac, sage ich deutlich, und ich bin Ihre Zugbegleiterin. Kann ich bitte Ihre Fahrkarte sehen.

So heißt doch keiner, murmelt er und starrt mich immer noch an. Ich fasse an den weißen Kragen, der makellos über meinem Jäckchen liegt und meinen Hals einrahmt, eine Kette trage ich nicht, obwohl weiße Perlen gut zu dem Kragen passen würden, aber wir dürfen uns nicht schmücken. Ich bin auch ungeschmückt sehr ansehnlich, trotz der angeknabberten Haare, die mir immer schon dürr und struppig auf dem Kopf gesessen haben, ich brauche keinen Schmuck.

Ich begleite Sie, sage ich zu dem Fahrgast und lehne mich ansehnlich an die Rückenlehne vor ihm, und ich sehe, wie er mich einschätzt, er sieht meine Aufgabe nicht, er sieht nur die Haare und vielleicht auch die Falten an den Augen und die Haare an den Beinen, die schon wieder nachwachsen, obwohl ich sie immer rasiere und blickdichte Strumpfhosen trage, tragen muss, das gehört zur Ausrüstung, so wie die Fenster unserer Züge blickdicht sind, niemand kann von außen hineinschauen, wenn die Zurückbleibenden am Bahnsteig den Abreisenden zuwinken wollen, treten sie ganz nah an die Fenster, umrahmen manchmal sogar ihr Gesicht mit den Händen und pressen es ans Glas, wild und blind lächelnd, Abschiede, die an Heftigkeit gewinnen, weil sie ins Leere gehen, und so ist das auch mit den Strumpfhosen.

Nur kann es sein, dass dieser Fahrgast durch die Strumpfhosen hindurch sieht, es gibt solche Blicke. Neulich erst hat jemand zwischen Ulm und München durch meine Jacke und die Bluse hindurch entdeckt, dass meine linke Brust halb aus dem BH-Korb gequollen war, ich hatte es natürlich auch gemerkt und unauffällig versucht, sie durch die beiden Stoffschichten hindurch wieder zurückzuschieben, aber es gab zu viel anderes zu tun, bis ich den Fahrgast erreicht hatte, der mit einem Blick die überbordende Brust entdeckt hatte und die Lippen amüsiert spitzte, ein genießerischer Glanz trat in seine Augen, er rieb sich auch die Hände und setzte sich ein wenig auf, als wollte er sich eine

Serviette umbinden und sich auf eine schmackhafte Mahlzeit vorbereiten. Es blieb mir nichts übrig, als ihn zu strafen. Ich verlangte seine Fahrkarte, seine Bahncard, seine Kreditkarte und seinen Personalausweis, und während er alles hervorkramte, hörte er auf, die Lippen zu spitzen, und ich fuhr schnell mit dem Finger unter die Jacke und die Bluse und drückte die Brust zurück in den Korb, es war mir egal, ob er mir dabei zuschaute oder nicht, er hatte mich ja eh schon ertappt.

Aber heute habe ich einen besseren Namen, es ist ein wirklich klangvoller, ein verträumter Name, der mir einiges ersparen wird, und ich wende den Blick ab von dem schläfrigen, trotzigen Fahrgast, der noch einmal murmelt, so kann man doch nicht heißen, aber er kann mir den Namen natürlich nicht ausreden, er ist neidisch, das wird es sein. Er hängt immer noch auf den Sitzen, als wollte er sich für die Nacht einrichten, die doch gerade vorübergegangen ist, zum Glück, mit dem Wecker zur Frühschicht, wieder vorübergegangen, immer melde ich mich so früh wie möglich. Die Arme hat er vor der Brust verschränkt, es sieht nicht aus, als wollte er eine Fahrkarte suchen, er mustert mich störrisch und etwas angewidert und verbreitet süßlichen Schlafgeruch. Ich bleibe stehen, ich darf nur nicht weggehen, bis er aufgibt. Ich kann gut stehen, ich kenne die Bewegungen des Zuges, ich bin ihnen nicht ausgeliefert, nur auf dem Festland bewege ich mich ungeschickt, mit leichtem Hohlkreuz, mein Nacken so verspannt, dass ich die Schultern hochziehen muss, weil sie nicht herunterhängen können, die Hände in den Taschen geballt um den Hausschlüssel oder den Hotelschlüssel oder Wohnungsschlüssel, damit ich ihn nicht verliere, denn irgendwo muss ich schlafen.

Zu Hause muss ich schlafen, ich tue dort nichts anderes, immer wenn ich zu Hause bin, ist es Zeit zu schlafen, deswegen komme ich zu Hause eben auch zu gar nichts anderem, sondern lege mich gleich ins Bett und nehme rasch vorher ein leichtes Schlafmittel, etwas Pflanzliches, damit ich schlafen kann. Es bleibt ja nicht viel Zeit für den Schlaf, ich muss früh aufstehen, zur Frühschicht früh raus. Es ist gleich, ob ich zu Hause schlafe oder im Intercity Hotel, ich habe meine Wohnung ähnlich eingerichtet, um mich nicht immer umstellen zu müssen: ein Bettlämpchen, ein Fernseher, ein frisch bezogenes Doppelbett, ein heller Teppich, die Regale leer und aufgeräumt.

Die Notwendigkeit zu schlafen verbindet mich mit dem schläfrigen, wütenden Fahrgast, gleich können Sie weiterschlafen, sage ich besänftigend, ich brauche nur schnell Ihre Fahrkarte, und er wirft mir noch einen scharfen Blick zu, bevor er sich halb zur Seite rollt, was auf den schmalen Sitzen nicht einfach ist, aus seiner hinteren Gesäßtasche die Karte zieht, mit einem höhnischen Schulterzucken, und ich sehe schon an der

Farbe, dass es wieder die schwarze Bahncard 100 ist, wie lackiert glänzt sie in seiner Hand, und dieser Triumph trifft mich in die Kehle. Er gehört dazu, er kann schlafen, solange er will, er kann sich nach Hamburg oder Berlin hinschlafen, und mir schuldet er nichts. Ich kann nichts sagen, ich kann auch die Karte nicht anschauen, ich müsste das Datum überprüfen, vielleicht gilt sie nicht mehr, vielleicht betrügt er mich, aber ich stehe nur da und starre auf seine Wollstrümpfe, die sich mir über den Sitz entgegenrecken, und die Schuhe, die auf dem grau gestreiften Boden achtlos übereinanderliegen, und ducke mich unter seinem Blick weg zum nächsten Fahrgast.

Mein Chef ist im vorderen Zugteil, er erwartet viel von mir, und ich gebe es ihm, jeden Tag von Neuem. Er begrüßt die Fahrgäste, auch im Namen seines Teams. Sein Englisch ist, anders als das der meisten, makellos. Er kann ein saftiges *th* und ein schönes amerikanisches *r*, und er sagt *Thank you for travelling with Deutsche Bahn* in einem beschwingten und ermutigenden Rhythmus, ich habe das Gefühl, er dankt auch mir, und es hilft mir, ihn dabei nicht zu sehen. Ich kann ihn mir vorstellen, ich habe ihn ja vorhin gesehen, bei der Abfahrt, ich habe gar nicht so genau hingeschaut. Er sah nicht aus wie einer, der das Englische makellos beherrscht. Ich beherrsche es auch nicht makellos, obwohl ich daran arbeite, ich suche mir aus dem Fortbildungsprogramm oft Sprachkurse aus, einmal auch einen »Body Percussion Kurs«, eine Entscheidung, für die ich büßen musste, und ich plane einen Sprachurlaub in Südengland, weil man dort das schönste, sauberste Englisch spricht und ich ein schönes Englisch sprechen möchte, denn es ist nützlich, eine Sprache zu beherrschen.

Den Percussion Kurs leitete ein wilder, struppiger Kerl in einem kupferblauen Hemd, das mit dem gemäßigten Blau unserer Jäckchen und dem gebügelten Hellblau unserer Blusen nichts zu tun hatte, es war ein unerbittliches Knallblau, ins Explosive gesteigert durch seine leuchtend gelbe Hose. Wir starrten ihn an wie einen von diesen bunten Vögeln, die man im Fernsehen sieht, in Reiseberichten über Australien oder die Tropen, die glaubwürdig klingen, aber hierzulande kann solche Farben eigentlich keiner glauben, und so standen wir da, fünfundzwanzig Bedienstete der Bahn in Freizeitkleidung, die nicht viel anders aussah als unsere Dienstbekleidung, weil wir einfach keine Zeit haben, uns ständig umzustellen, und wir nahmen diesem Kerl sein blaues Hemd kaum ab, es machte sein Gesicht blass. Er hatte eine laute, etwas raue Stimme und fragte uns, was wir uns erwarteten von seinem Kurs, und alle antworteten höflich, neue Impulse, mehr Dynamik, einen eigenen Rhythmus. Ich musste annehmen, dass alle außer mir schon solche Kurse besucht hatten, sonst hätten sie sicher nicht solche Dinge sagen können. Ich weiß nicht, murmelte ich, als ich an der Reihe war, und das gefiel ihm besonders, ja, rief er, dann bist du ganz offen für alles, und es klang wie eine Gratulation, auch war ich damit in sein Augenmerk gerückt, und er hatte es auf mich abgesehen, den ganzen Tag über auf mich. Wir machten Übungen, um unseren Atem zu spüren, mussten uns die Hände auf den Bauch legen und die Augen schließen, und als er sah, dass sich meine Augen ständig und ohne mein Dazutun öffneten, kam er zu mir und legte mir die Hand über die Augen. Es geschah so schnell, dass ich nicht zurückweichen konnte, schon spürte ich seine warme Hand im Gesicht und schaute in seine Handfläche. Ich hielt mich gerade und rührte mich nicht, und nach einer Weile, als ich gerade anfing, mich an diese fremde Hand und die geschenkte Dämmerung zu gewöhnen, flüsterte er, du sitzt da wie ein Betonpfeiler, und schon riss ich die Augen wieder auf und wand mich unter seinem Griff weg, verteidigte mich, wieso denn, ich bin ganz entspannt. So ging es weiter, er hatte mich im Visier, er griff mich heraus, um einen Tanzschritt vorzuführen, er gab mir die größte Trommel, du musst deine Sprache finden, raunte er, aber ich habe doch gar nichts zu sagen. Stell dir vor, die Trommel ist ein Mann, den du umarmst. Ich starrte auf das klobige, hautbespannte Fass und schob es etwas von mir weg. Wenn ich sie umarme, kommt doch kein

Ton raus, sagte ich patzig, man muss doch draufhauen, oder.

Ich verstehe nichts von Liebe, auch wenn ich sie von morgens bis abends vor Augen habe. Zwar fahren die meisten Kunden allein, aber sie tragen einen Geliebten mit sich herum, eine Angebetete, einen Mann, eine Frau, ein Kind, sie steigen in den Zug ein und haben doch gerade noch gevögelt, haben sich an jemanden geklammert, haben mit jemandem in der Ecke gestanden und ihm unters Hemd gefasst, haben Brüste geknetet, Hände zwischen Beine geschoben, vielleicht haben sie ein Kind gehalten, ich kann ja nicht in die Köpfe hineinschauen, aber ich sehe, wenn sie von der Liebe kommen, sie haben es noch in den Mänteln, in den Handys, auf denen sie fahrig herumtippen, um die Finger wieder von der Haut zu entwöhnen, sie sind noch außer Atem, sie reichen mir die Fahrscheine, ohne mich zu sehen, lieber hielten sie die Augen noch geschlossen, um der Liebe hinterherzuschauen.

Es gibt auch die, die nicht aufhören können. Zu zweit drängen sie sich ins Behinderten-WC, triumphierend schließen sie ab, der Geruch, der feuchte Boden, der chemische Dunst, das alles stört sie nicht, im Gegenteil, es macht ihre Liebe noch strahlender oder noch dreckiger, wie es eben jedem gerade gefällt, Schlangen vor dem WC, Leute klopfen, ich klopfe, aber das ist ihnen egal, im Gegenteil. Oder sie klappen die Armlehne hoch und drängen sich auf den Sitzen aneinander, was nicht leicht ist, weil die vorgeformte Schale der Rückenlehne keine Übergriffe vorgesehen hat, jeder soll schön für sich sitzen und sich aufrecht halten, aber das kümmert sie nicht, sie drängen sich aneinander, als gäbe es kein Morgen mehr, und dann kommt das eigentliche Schauspiel: Sie breiten einen Mantel über beide Schöße, die Hände verschwinden darunter, sie schließen die Augen, knabbern aneinander herum und denken allen Ernstes, niemand wüsste, was sie unter dem Mantel treiben, während ihre Gesichter immer heißer werden. Hier habe ich nichts zu melden, ich kann nach den Fahrkarten fragen oder auch nicht, sie lassen sich nicht stören, sie rangeln unter dem Mantel, die anderen Fahrgäste schauen verstohlen, ob es was zu sehen gibt, und auch ich halte mich länger in der Nähe auf, als nötig wäre.

Am Vierertisch sitzt ein kleines Mädchen, eines von diesen dünnen langhaarigen Geschöpfen mit Ohrstöpseln und MP3-Playern, ich finde sie zu jung dafür, aber mich fragt ja keiner, und ich kann das Alter von Kindern nicht gut schätzen, sie sehen sich alle ähnlich, und auf einmal sind sie erwachsen. Diese ist nicht erwachsen, eine Kleine, Süßigkeiten liegen vor ihr auf dem Tisch, Weingummi und Zuckerbrombeeren mit Geleefüllung, die ich als Kind sehr gemocht und auch gegessen habe, ich wollte sie, kaufte sie und aß sie, so

einfach war das. Dieses Kind steckt sich die Zuckerbrombeeren in den Mund, eine nach der anderen,
zu schnell, wenn man mich fragt, man schmeckt ja
nichts, wenn man so schlingt, und ich sage zu dem
Kind, langsam langsam, und erwarte, dass es verschreckt
hochschaut wie die meisten Kinder, die ja auch nicht
grüßen können oder nicht wollen, weil sie die Zähne
nicht auseinanderkriegen, nur für die Zuckerbrombeeren geht der Mund immer auf, wie bei einem kleinen
Reptil klappt das Maul auf und zu. Das Kind schaut
hoch, aber verschreckt sieht es nicht aus, es nickt gleich
und lächelt mir zu, als sei es solche Ermahnungen
gewohnt, und den Fahrschein muss es gar nicht suchen,
er liegt schon bereit neben der Brombeerpackung.
Bitte schön, sagt es und streckt ihn mir entgegen. Es ist
höflich und furchtlos, und ich möchte wissen, wieso
ein so braves Mädchen allein im Zug verreist, und ich
möchte auch wissen, ob es wirklich so wohlerzogen ist
oder ob es mich blendet.

Kinder in deinem Alter sollen nicht allein verreisen,
sage ich streng, es ist eine Probe, damit ich sehen kann,
was das Kind mir zu erwidern hat, ob es frech wird oder
ob sich vielleicht seine Augen mit Tränen füllen, das
kann schnell gehen bei Kindern, sie strahlen dich an,
und mit einem Mal reißt das Strahlen ab, und ihre Lippen zittern, und auch die Tränen können bei Kindern
ganz plötzlich aus den Augen spritzen, ich habe das stu-

diert, sie fangen einfach an zu flennen, als sei das nichts. Dieses Kind weint nicht, sondern überlegt kurz und nickt dann.

Ich verstehe nicht, was es mit dem Nicken meint, ob es findet, dass ich recht habe, oder ob es mich besänftigen will, und ich hake nach. Wo sind denn deine Eltern. Ich komme von der Mama und fahre zum Papa, sagt es, und auf einmal steigen mir Tränen in die Augen, obwohl das Kind nicht darunter zu leiden scheint, ganz vergnügt schaut es mich an, überhaupt schaut es mich ständig an und liest in meinen Augen, was ich hören möchte und als Nächstes sagen werde, und als nun meine Augen feucht werden, muss ich mich rasch abwenden und aus dem gegenüberliegenden Fenster sehen, und bei der Gelegenheit sehe ich im Fenster, dass mein Halstuch etwas verrutscht ist. Ich richte es, den Knoten in die Mitte, den Zipfel auf die Knopfleiste der Bluse, und während ich noch an mir herumzupfe, sagt das Kind, willst du eine, und streckt mir die Tüte mit den Zuckerbrombeeren entgegen. Ich wende mich wieder ihm zu, es hat den Blick nicht von mir gelassen, es will mir eine Freude machen, ich hab schon ganz viele gegessen, sagt es, die sind übrig. Da steigt, so plötzlich wie eben noch die Tränen, in mir eine Wut auf das Kind hoch, auf einmal scheint es mir unerträglich, wie es um mich wirbt, wie es sich um meine Gunst bemüht, wie es unendlich aufmerksam auf mich achtgibt, was ich sage, wie ich schaue, sicher hat es die Feuchtigkeit in meinen Augen bemerkt, es hat mir dabei zugeschaut, wie ich mein Tüchlein hin und her geschoben habe, als sei da etwas zu retten. Es hat ordentlich geschnittene Haare und Kleider, wie man sie früher getragen hat, einen altmodischen dunkelblau gerippten Pullover mit weißem Kragen, seine Backen sind rot, vielleicht ist es noch jünger, als ich dachte. Es muss beim Friseur gewesen sein, oder die Mutter hat die Haare frisch geschnitten für den Vater, der die Mutter nicht mehr liebt, die Ponyfransen liegen akkurat über den Augenbrauen, es ist zum Verrücktwerden, nichts stimmt nicht an diesem Kind, und höflich ist es auch.

Bist du gut in der Schule, frage ich barsch und schiebe die Tüte mit den Brombeeren, die es mir immer noch entgegenstreckt, zur Seite, als ekele ich mich davor, so heftig, dass ich sie dem Mädchen fast aus der Hand schlage. Ja, antwortet es sofort und strahlt mich an, ja, natürlich ist es gut in der Schule, es schämt sich nicht, es einzugestehen, jemand, der so höflich und aufmerksam ist, muss gut in der Schule sein, und zwar in allen Fächern, in allen Fächern, oder, frage ich ungeduldig. Was heißt Fächer, sagt das Kind. Na Deutsch, Mathe und was ihr da so macht, sage ich. Das Kind wartet kurz, ob ich weiter ausholen werde, es wiegt meine Ungeduld mit Geduld zehnmal, was sage ich, hundertmal auf, es wartet, und als ich weiter nichts sage und mich mit beiden Händen an der nächsten Rückenlehne festhalte, damit ich ihm nichts antue, nickt es wieder und sagt, vor allem Deutsch mag ich, und dann schaut es noch auf meine Finger, die ganz weiß sind vom Festklammern, und sagt, du hast einen tollen Ring. Ich schaue auf den Ring, den mir einmal ein Mann geschenkt hat, es ist ein billiger Messingring, aber ich habe mich an ihn gewöhnt und nehme ihn nie ab, und ich weiß, dass dem Kind der Ring nicht gefällt, Kinder mögen keine einfachen Metallringe, sie wollen Edelsteine, Gold, irgendetwas, das glitzert und funkelt, und dieses Kind hat meinen Ring nur deswegen gelobt, um mir zu gefallen. Scheinheilig sitzt es da und wartet, dass ich lächle und ihm von dem Ring erzähle und mich von ihm bezaubern lasse, einfach nur die Fahrkarte zu zeigen, das wäre zu wenig für dieses Mädchen, es will mehr und eigentlich alles. Das ist es gewohnt: alles zu bekommen, wenn es sich alle Mühe gibt. Es hat sich bei seiner Mama Mühe gegeben, bei seinem Papa wird es das Gleiche tun, es ist gut in Übung, und um nicht aus der Übung zu kommen, versucht es das alles bei mir. Aber da bist du falsch gewickelt, Kleine, solche wie du haben bei mir keine Chance, ich brauche dich nicht, ich weiß, wie ich dich loswerde, deine Bettelaugen, dein ach so höfliches süßes kleines Gesicht mit der bezaubernden Frisur, für die du später, wenn du sie nicht rechtzeitig schneidest, geneckt werden wirst, wie du es überhaupt nicht ganz leicht haben wirst mit deinem Schwanzwedeln, du willst die Liebste sein, die Klügste und die Schönste, die Lehrer lieben dich, aber die Schüler werden dich dafür hassen, jetzt vielleicht noch nicht, jetzt sind alle noch zu klein und wollen doch alle gestreichelt werden, aber später umso mehr, du musst es dir abgewöhnen, so schwer es dir fällt, du wirst es ja immer wieder versuchen, du wirst dich ordentlich ins Zeug legen, mit deinem wachen Blick wirst du dich bis zum Abitur durchstarren, einem glanzvollen natürlich, denn darunter machst du es nicht, du wirst deine Professoren bezirzen und deine Männer und deine Therapeuten, all deine Anstrengung wirst du hineinstecken, die Gedanken der anderen zu lesen, bevor sie überhaupt gedacht sind, und immer wenn es gelingt, wird dich eine Wärme durchglühen, die du mit Liebe verwechselst, wundern wirst du dich noch, du musst dich abhärten, du musst dich selbst streicheln, das kannst du auch lernen, oder dir einen Mann suchen, der dich hinter den Ohren krault, dein Papa reicht nicht und ich schon gar nicht, denn mich kriegst du nicht, du kleines armseliges Schleimerchen, und wenn ich nur ein Wort davon laut sagen würde, würdest du mir auch noch zustimmen, ich weiß es, weil ich dich kenne.

Immer noch wartet sie, schaut abwechselnd auf den Ring und in mein Gesicht, die kleine Hexe mit dem Rundschnitt, als könnte sie kein Wässerchen trüben, ich greife nach ihr und streife ihre Haare, ich könnte zupacken und daran reißen, dass ihr Kopf gegen die Plastikverschalung der Wand knallt, könnte ihren Kopf nach hinten reißen und warten, dass sie endlich ihre Augen schließt, weil es wehtut, aber meine Hand greift an ihr vorbei nach der Tüte und grapscht eine Handvoll Zuckerbrombeeren heraus, und die stopfe ich mir in den Mund und gehe weiter, drehe mich nicht mehr um und sage erst danke, als ich im nächsten Abteil bin.

Inzwischen ist es ganz hell, und mein Mund brennt, vielleicht von der Süße der Brombeeren, deren winzige Zuckerperlen mir noch zwischen den Zähnen kleben, es kann auch sein, dass sie mein Gebiss lila färben, ich sollte das überprüfen, denn es wäre unzulässig, mit einem lila Lächeln die Kunden, die Gäste zu empfangen, die sich auf eine Reise und in unsere Hände begeben haben, sie wollen mit einem angemessen gepflegten Lächeln begrüßt werden, nicht verklebt und gefärbt und schon gar nicht verheult. Es kann auch sein, dass heute ein Detektiv unter ihnen ist, jeder könnte es sein außer dem Mädchen, aber diese alte Dame mit der Lektüre könnte es sein oder auch der Kerl dort vorne im Anzug, es wird ein Mann sein, sie nehmen meistens Männer, denn Männer sind die besseren Spitzel, sagen meine Kolleginnen. Der im Anzug wartet schon auf mich, ich habe keine Zeit, meinen Mund auszuspülen oder einen Blick in den Spiegel zu werfen, hören Sie, ruft er mir mit einer durchdringenden, aber wohltönenden Stimme entgegen, als hätte er sich schon eingesungen, und als er mich herangerufen hat, obwohl ich ja sowieso gekommen wäre, ruft er, immer noch in der gleichen Lautstärke, obwohl ich nun direkt neben ihm stehe, hier ist ja kein bisschen Platz. Ich schaue ihn fragend an, immerhin hat er einen schönen Fensterplatz, und neben ihm ist auch noch frei, und ich ahne schon, worauf er hinaus will, aber es hat keinen Sinn, es vorwegzunehmen, er will es selbst herausschleudern, dafür bin ich da, und dann wird es ihm besser gehen. Wohin mit dem Gepäck, ruft er und deutet dramatisch auf den Gang und die Sitze, wie stellen Sie sich das vor. Ich habe mir diesen Zug nicht ausgedacht, könnte ich sagen, aber stattdessen frage ich, kann ich Ihnen mit Ihrem Gepäck vielleicht behilflich sein, und hoffe, dass er ein Detektiv ist, der mir dafür eine Menge Punkte im Kundenkontakt erteilen wird. Er lacht höhnisch. Sie haben ja keine Ahnung. Wo ist denn Ihr Gepäck, frage ich, aber er ist noch nicht fertig, keine Ahnung haben Sie, was sich hier abspielt, man kann sich ja nicht mehr rühren, eingepfercht, ja, wie Vieh eingepfercht, daran hat keiner gedacht, es denkt ja niemand mit in diesem Land, und dann wundern sich alle, wenn es bergab geht. Er redet laut auf meinen gesenkten Kopf ein, ich brauche nichts mehr zu sagen, ich sehe, dass er nur einen handlichen, metallisch glänzenden Rollkoffer hat, der bequem neben ihm unter dem Sitz verstaut ist, es ist ein schöner, teurer Koffer mit lederverstärkten Ecken. Als er verstummt, schaue ich kurz hoch, ob ich entlassen bin, aber er hat sich vorgebeugt und starrt auf mein Namensschild, S. Santrac, ich notiere mir das, da können Sie sicher sein, und er fängt an, in seiner Mappe nach einem Stift zu wühlen, während ich mich rasch abwende, das muss genügen, ich muss etwas trinken, meine Zähne, und was macht wohl das Mädchen im anderen Abteil, und ich bin in Wagen 7 nicht durchgekommen.

Wir befinden uns in der Anfahrt auf Offenburg, in wenigen Minuten erreichen wir Offenburg. Haben Sie schon gefrühstückt? Beginnen Sie den Tag mit einem Frühstück in unserem Bordbistro, zum Beispiel Frühstück Boulevard, eine Schale Milchkaffee und ein frisches Croissant, in der ersten Klasse bedienen wir Sie auch gerne direkt an Ihrem Platz. Das Schöne am Frühstück im Speisewagen ist doch, dass man essen und zugleich die Landschaft genießen kann. Die Landschaft besteht aus Flächen in Grün, Braun und Stein, die sich in hoher Geschwindigkeit hinter dem Fenster abspulen, Stein ist anthrazit, eine kühle Farbe, die auch im Innendesign für eine edle Wohnatmosphäre sorgt. Bei uns ist alles blau, taubenblau und graublau, die Sitzbezüge getupft, die Böden gestreift, es beißt sich aber nicht, weil das Blau eine befriedende Wirkung hat, zumindest auf manche.

Wagen 7 ist das Handyabteil, die Lautstärke erheblich, guten Morgen, guten Tag, Fahrkarten bitte, kann ich bitte auch die Bahncard sehen, hier gehören alle dazu, aber nicht zu mir, sie sind in Gespräche verstrickt, in Verhandlungen, mitten im Satz verlöscht die Verbindung, und sie fluchen und wählen schon wieder neu, eine Symphonie aus Klingeltönen, aus Begrüßungen, lauten Lachern, wichtigen Gesichtern, es ist nicht üblich, sich noch darüber zu wundern, so reden wir heute, so reden alle, und ich wundere mich ja auch nicht, ich bewundere die Virtuosität der Telefonierenden, wie sie mit einer Wange das Handy an die Schulter pressen, mit der Rechten auf ihrem Laptop herumfingern und mit der Linken die Fahrkarte schwenken, ich bin schnell durch, so schnell, dass ich mich in Wagen 8 auf den Doppelsitz gleich hinter der Gepäckablage schiebe, wo man mich nicht gleich sieht, und kurz die Augen schließe.

Der Bettüberwurf in meiner Wohnung ist anthrazit, ich habe ihn aus Dänemark mitgebracht, wo es gutes Design zu erschwinglichen Preisen gibt, und habe ihn über mein Bett geworfen, um meinem Schlafzimmer Eleganz und Urbanität zu verleihen, ich sehne mich nach meinem Bett, eingeknickt, wie ich hier kauere,

der Rücken in die vorgegebene leichte Krümmung gepresst, der Kopf zu weit nach vorne, man kann hier
nicht herumhängen, selbst die entspannte Sitzhaltung
ist ergonomisch durchkalkuliert. Ich ziehe die Beine an
den Körper und lege die Füße auf dem Nebensitz ab,
die Schuhe kann ich nicht ausziehen, weil ich darauf
gefasst bleibe, jede Sekunde erwischt zu werden. Ich
darf nicht hier sitzen. Nach Wagen 7 kommt Wagen 8,
nach Offenburg kommt Karlsruhe, das kleine Mädchen
ist vielleicht schon ausgestiegen, und immer noch habe
ich den Mund nicht gespült, da halten wir schon, ich
habe kurz nicht aufgepasst, es kann sogar sein, dass ich
eingenickt bin, ich kann die Durchsage nicht verstehen,
ich erkenne auch den Bahnhof nicht, er sieht fremd-
artig aus, überbeleuchtet, der Bahnsteig schimmert in
einem satten Marmorschwarz, die Fahrpläne wie Licht-
tafeln, ein Lichtspiel bei Nacht, dabei ist es doch heller
Morgen, und wir müssten in Karlsruhe sein, ich richte
mich auf und will zurück in den Gang, an die Arbeit,
da schieben sich auf einmal Scharen neuer Fahrgäste ins
Abteil, mehr als üblich um die Uhrzeit, eine Reise-
gruppe vielleicht, es scheinen nur Männer zu sein, und
sie fädeln sich in die leeren Sitzgruppen und Sitzreihen,
sie reden kaum, es ist still, das Abteil füllt sich in eigen-
artiger Geschwindigkeit und völliger Ruhe, und ich
stehe halb aufgerichtet, halb eingeknickt hinter der Gepäckablage und schüttele den Kopf, um meine Ohren

freizubekommen, in die vielleicht während des kurzen Nickerchens etwas eingedrungen sein könnte, und dann fällt mir ein, dass mein Kopfschütteln von den Fahrgästen missverstanden werden könnte, und ich nicke ihnen zu, aber niemand nickt zurück, niemand scheint mich überhaupt zu bemerken.

Nun sehe ich, dass die zugestiegenen Fahrgäste sich unterhalten, zumindest bewegen sie die Lippen und gestikulieren, manche holen Handys aus ihren Taschen und sprechen hinein, aber ich höre nichts, keine Stimmen, keine Durchsagen, kein Zuggeräusch.

Guten Tag, in Karlsruhe noch jemand zugestiegen, sage ich probehalber, aber niemand reagiert, Angst steigt in mir hoch, ich kann mir diese Stille nicht erklären, und fast ist es so, als sei ich auch noch unsichtbar geworden, ich gehe rasch durch den Gang ins Abteil 7, dort telefonieren noch immer alle, aber auch hier: völlige Stille, in die ich bang hineinhorche, ich höre meinen Herzschlag nicht und weiß nicht, wie das sein kann, etwas hört man doch immer, auch die Tauben hören doch wenigstens ihren eigenen Puls, wie soll ich so die Fahrkarten kontrollieren und den Zug begleiten, ich brauche jetzt eine Zugbegleiterin. Ich gehe ein paar Schritte Richtung vorderer Zugteil, weil dort mein Chef ist, der mir vielleicht erklären kann, was passiert ist, aber dann fällt mir ein, dass ich seine Erklärungen ja gar nicht würde hören können, ich weiche schnell wie-

der zurück und lasse mich auf einen Sitz fallen, irgend-
einen, ich mache mir nicht die Mühe, ein Versteck hinter der Gepäckablage zu finden, ich sitze da und spüre
eine heftige Angst, die sich wie ein Gummiring um
meine Rippen legt und meine Finger mit einem Schlag
kalt werden lässt, ich muss schneller atmen, um überhaupt Luft zu bekommen, ich öffne den Knopf meiner
Bluse und fasse mit einer Hand an meinen Hals, so fest,
wie es geht, ich nehme schlaffe Haut zwischen die
Finger und presse sie, bis es schmerzt, weil ich hoffe,
dass der Schmerz die Stille durchbricht. Dabei stoße ich
an meine Sitznachbarin. Ich muss sie vorhin kontrol-
liert haben, aber ich kann mich an das Gesicht nicht
mehr erinnern. Es ist schmal und straff, wie aus Leder
genäht, und darin braune Augen und ein schmaler
Mund, kein abfälliger Mund, alles ist schmal und kon-
zentriert, und nun sehe ich, wie sich der Mund öffnet,
und ich verziehe das Gesicht, weil eine heftige Angst
mich ergreift, ich könnte sie nicht hören, aber der Mund
fragt, geht es Ihnen gut, und ich höre jedes Wort und
reiße die Augen auf und fange an zu lachen.

Ja, sage ich und höre mich selbst nun auch wie-
der, auf einmal höre ich den Zuglärm wie ein gewalti-
ges Rauschen und das Donnern der Klimaanlage und
Stimmen hin und her springen im Abteil, im nächsten
Abteil, der ganze Zug redet und lacht, es klingelt,
Schreien, Husten und über allem mein lauter, aufdring-

licher Pulsschlag, ja, sage ich zu meiner Sitznachbarin, die mich unverwandt anschaut. Ich weiß nicht, wie alt sie ist, ich weiß nicht, warum sie den Blick nicht von mir lässt, es ist kein prüfender Blick, sie wartet nur ab, wie es mir geht, und auf einmal sacke ich ihr entgegen und liege mit dem Kopf auf ihrer Schulter, die auch schmal und knochig ist, sie riecht gut, sie riecht nach nichts. Sie fasst mich nicht an, sie legt nur den Arm leicht um mich, so dass ich ihn gleich abschütteln könnte, aber ich will gar nicht. Es ist gut so, ich höre meinen Herzschlag und den leisen Atem der Fremden, ich will sogar, dass sie mich noch fester umarmt, dass sie mich hält und meine Haare streicht und mir über das Gesicht streichelt, aber das wäre wohl zu viel verlangt von einer Fremden, und da höre ich schon an der Schiebetür jemanden sehr deutlich sagen, Personalwechsel, Fahrkarten bitte. Erschrocken fahre ich hoch, das Personal, das ausgewechselt wurde, bin ich, aber das ist nicht korrekt, ich begleite den Zug bis Hamburg. Meine Nachbarin schaut mir zu dabei, wie ich mich aufrichte, den Kragen zurechtzupfe, sie sagt nichts, sie beobachtet mich wie jemand, der nichts zu verlieren und nichts zu gewinnen hat.

Der Kollege arbeitet sich voran, ich habe ihn noch nie gesehen, obwohl ich schon mit vielen Kollegen unterwegs war, man trifft sich in den Kantinen, den Warteräumen, manchmal auch in Hotellounges, mit einigen war ich im Bett. Er wirft Blicke auf Fahrkarten, Personalwechsel, die Bahncard bitte, die Mastercard bitte, er beugt sich nach links und rechts, ich sehe das Namenschild an seinem Jackett: P. Matt. Schon ist er bei der Reihe vor uns, hat mich entdeckt und nickt mir zu. Meine Nachbarin zeigt ihre Karte, sie fährt bis nach Hamburg, und P. Matt nickt wohlwollend und stempelt die Karte noch einmal, sie darf nach Hamburg, es ist alles in Ordnung, auch ich darf fahren, wohin ich will, er braucht keine Fahrkarte, wir sind Teil einer Familie, er hat mich zwar abgelöst, aber ich gehöre immer noch dazu und darf nun aussteigen, und P. Matt tritt nickend neben die nächste Reihe.

Ich steige aus, sage ich zu meiner Nachbarin.

Sie nickt und schaut mich an. Vielleicht wartet sie auf eine Erklärung oder eine Entschuldigung.

Ich habe kein Gepäck, sage ich, und dann sage ich noch, als ich schon aufgestanden bin, danke, leise und rasch sage ich das und traue mich plötzlich nicht mehr, sie noch einmal anzuschauen, aber mit jedem Schritt, den ich von ihr weggehe, vermisse ich sie mehr.

Als ich in Frankfurt aussteige, lehnt P. Matt in der Zugtür.

Wohnst du hier, fragt er und zwinkert mir zu.

Hotel Dreikronen, sage ich, willst du mitkommen.

Ich muss hier mitfahren, lacht er, du weißt ja. Vielleicht auf dem Rückweg.

Ja, rufe ich, auf dem Rückweg, komm ruhig vorbei, und dann rufe ich noch lauter, weil sich schon die Türen schließen, komm auf jeden Fall vorbei, ich freue mich, aber ich weiß nicht, ob er das noch gehört hat, und ich bleibe stehen und lasse den Zug an mir vorbeigleiten, ich würde gern meine Nachbarin noch einmal sehen, aber ich weiß, dass die Scheiben verspiegelt sind und es keinen Sinn hat, das Gesicht an das Glas zu pressen. Der Bahnsteig schimmert nicht, sondern ist aus stumpfem Beton, und ich höre alles, sogar das Schnarren der Tauben, die längst abgeschafft sind.

Ein schwarzer Stein

Wir sind zu spät, sie liegt schon im Sterbezimmer.

Wir ziehen uns die weißen Kittel über, die den Besuchern auf der Intensivstation sofort etwas feierlich Aufrechtes verleihen, sie straffen sich und müssen Haltung annehmen, weil sie gleich an der Reihe sind, ein Klappstuhl neben dem Krankenbett, neben dem Sterbebett. Nur die Kittel mit den Bündchen an den Ärmeln sehen tantenhaft aus, und die Knöpfe kann man nicht selbst schließen, weil die Knopflöcher sich in den zahllosen Kochwaschgängen zusammengezogen haben und die Knöpfe nicht hindurchgehen, da kannst du machen, was du willst, du musst dir helfen lassen von den anderen, die alle warten auf ihre Stunde am Bettrand, alle blass oder rot und geschwollen, manche weinen. Eine Frau zupft sich immer wieder an der Nase, als gäbe es da etwas wegzuwischen, aber sie heult gar nicht, vielleicht ein Jucken, vielleicht ist es besser als Schreien. Ein paar Fotos hält sie in der Hand, die will sie mitbringen, Blumen gehen nicht, gar nicht erlaubt hier unten, das kein Unten ist, man geht keine Treppen, alles ebenerdig vom Eingang aus, und doch denkst du: ein Keller, ein Laboratorium, die vielen schweren Türen, die Patientensperre, der Warteraum, und drinnen dann die Geräusche, Elektronik, Messtechnik, es wird kaum gesprochen, aber auch kaum geschrien, wir dachten, es gäbe mehr Gestöhne und Geschrei, aber alles ist ganz ruhig. Nur die Schwestern reden mit normalen Stimmen, dies ist ihr Arbeitsplatz, und im Stationszimmer hängen Urlaubskarten, liegen Zigarettenpackungen und Zeitschriften für die Pausen, auch unsere Mutter hatte Zigarettenpackungen bereitliegen für die Pausen, aber das interessiert hier niemanden, es braucht ja auch keinen zu interessieren, man kennt sie hier nur als Sterbende, und als ich einer Schwester ein Bild hinhielt, wie sie aussah früher, damit Sie sich das vorstellen können, da waren wir in Italien, alle zusammen, letzten Herbst noch, da schaute die Schwester freundlich und hilflos auf das Foto, was sollte sie mit dieser Frau und einem Leben, das sich außerhalb abgespielt hatte und nun zu Ende ging. Was heißt früher, vor ein paar Wochen noch, mit frisch geschnittenen Haaren, im Nacken etwas angestuft, immer noch dunkel, die einzelnen weißen Haare riß die Friseuse aus und zeigte sie trium-

34

phierend, als hätte sie dem Altwerden noch einmal ein Schnippchen geschlagen.

Warum müssen wir jetzt denn die weißen Kittel noch überziehen, es ist doch egal, aber wir tun es, weil wir es seit vier Wochen täglich tun, also können wir es ebenso gut auch jetzt tun, wir haben es sowieso noch nie verstanden, wozu diese Kittel, sie sind eine Verkleidung, damit du hineingehen kannst, damit du es schaffst, zu etwas anderem können sie kaum taugen, flatterig, wie sie sind.

Wir klingeln wie immer, obwohl alle wissen, dass wir kommen, man hat uns ja angerufen, wir sollen kommen, obwohl es keiner so gesagt hat, was sie gesagt haben, war: Es gibt bei Ihrer Mutter eine rapide Verschlechterung, wollen Sie kommen? Müssen Sie wissen, aber Sie können jederzeit hinein, da wussten wir, dass sie stirbt, denn sonst geht das nicht, nur zwischen drei und sieben Uhr nachmittags, und das verstehst du doch auch, es kann nicht jeder ständig dort herumsitzen auf den Klappstühlchen, die Schwestern müssen ihre Arbeit tun, und Notfälle gibt es, die auf Liegen durch die Gänge donnern, von zwei Pflegern vorangetrieben, da kannst du eben nicht ständig neben deiner Mutter sitzen und Händchen halten, aber diesmal dürfen wir, sie machen uns auch gleich auf, und im Hintergrund hören wir, wie einer fragt, wissen Sie es schon. Da wissen wir es. Wir sehen uns kurz an und schauen verlegen

wieder weg, es ist so, als hielten wir Hände wie Brüder-
chen und Schwesterchen, und mein Bruder hat einen
Kittel mit Bündchen an den Handgelenken, und ich
schaue rasch auf meine Ärmel, auch ich habe einen mit
Bündchen, und jetzt wissen wir es.

Ich wusste es, sage ich zu meinem Bruder, und das
stimmt und stimmt nicht, denn obwohl ich damit gerechnet habe, wusste ich es nicht und denke: Wie geht
das, ich habe das nicht geübt, ich weiß nicht, wie das
geht, und auch mein Bruder weiß es nicht. Wir gehen
zusammen hinein, fast Hand in Hand, wollen zu ihrem
Zimmer, aber da ist sie ja nicht mehr, die Schwester
nickt uns zu und wünscht herzliches Beileid und ob wir
geistlichen Beistand wollen und unsere Mutter ist im
Trauerzimmer. Das Trauerzimmer ist ein abgetrenntes
Kämmerchen, die Technik ist mit einem dunkelblauen
Tuch verhüllt, eine Kerze haben sie aufgestellt, mehr
kannst du nicht verlangen, nein, wir wollen keinen
geistlichen Beistand, oder? Wir drängen beide an ihre
Seite, als käme es darauf an, wer schneller ist, da kommt
schon wieder die Schwester mit ihrem Kulturbeutel,
ihrem Ehering, ihrer schlichten kleinen Armbanduhr,
ich lege Ihnen das hierhin, und wenn Sie Beistand brauchen. Danke. Wir brauchen Beistand, wir brauchen
unsere Mutter, damit sie uns beisteht, das hat sie immer
gemacht, und wenn sie es nicht genug gemacht hat,
waren wir wütend, eigentlich hat sie es nicht gemacht

oder nicht genug gemacht oder uns manchmal nicht genug, wir hätten uns gewünscht, dass sie es mehr gemacht hätte, wer war eigentlich mein Beistand, und wer ist es jetzt, vielleicht mein Bruder oder doch meine Mutter, ich schaue hin und sehe sie da liegen und weiß es nicht mehr, ich habe es schon vergessen, so wie ich alles vergessen habe, so wie meine Mutter alles vergessen hat auf diesem Totenbett im Trauerzimmer in diesem Keller, der keiner ist.

Beistand, ich brauche eine Liturgie, wann ist die Beerdigung, ich brauche einen Engel. Es geht ohne Gott, aber nicht ohne Engel. Das sage ich dem Pfarrer, der mit mir den Gottesdienst durchspricht, eine Liturgie kann er uns ja geben, dafür ist er doch da, und er sagt: Aus Worten entsteht manchmal ein Weg. Welcher Weg denn und welche Worte, aus Worten, sage ich ihm, entsteht meiner Erfahrung nach sehr selten ein Weg, Worte verstellen Wege, wissen Sie, das ist meine Erfahrung.

Warum sagen Sie das, fragt er. Wahrscheinlich wundert er sich, dass ich ihn dann überhaupt bitte, einen Gottesdienst zu halten, der ja in meiner Kirche vor allem aus Worten besteht, oder er fragt sich, warum ich so gegen Worte bin, oder er fragt einfach, damit das Gespräch in Gang bleibt. Er hat einen großen Körper und ist angespannt, er sitzt trotz seines Gewichtes auf der Stuhlkante und hat die Hände auf die Oberschenkel gestemmt, als wolle er sich gleich mit einer heftigen Bewegung hochdrücken. Seine halblangen Locken sind unten ausgefranst, er sieht abgenutzt aus, als bräuchte auch er Beistand. Worte, sage ich, sind so nutzlos, ich brauche einen Engel. Ich sage das halb scherzhaft, im Ton eines kleinen Mädchens, das gewohnt ist zu kriegen, was es braucht, und nun eben einen Engel, der mich schweigend anschaut, dass ich weiß, er kennt mich, ich muss nichts sagen, länger als sogar meine Mutter mich kennt, aber es ist kein Scherz, es ist genauso gemeint, und ich habe ein Anrecht.

Der Pfarrer sagt nichts, er kann mir ja auch kaum einen Engel versprechen, er kann mir nur versprechen, mit mir darüber zu reden, aus Worten, glaubt er ja, entstünde ein Weg, dass ich nicht lache. Es ist nicht zum Lachen, aber glaubt er denn, Christus hätte geredet im Garten Gethsemane oder am Kreuz? Er hat das letzte Wort, sagt man, aber das glaube ich nicht, ich glaube, am Ende vertrocknen die Worte, auch meine Mutter hat nicht mehr viel gesagt. Ich glaube, auch dieser Pfarrer hat keinen Engel, er ist seit zwanzig Jahren Gemeindepfarrer in diesem Stadtteil, er muss müde sein, aber müder als ich kann er nicht sein, ich bin so müde, dass ich nicht zur Straßenbahn werde gehen können, wenn mein Trauergespräch beendet ist, ich werde auch nicht trauern können, ich bin gar nicht mehr traurig, wir haben es uns aufgeteilt. Mein Bruder ist weinend zurückgefahren ins Haus unserer Mutter, und ich bin zum Pfarrer gefahren, obwohl anderes wichtiger gewesen wäre, der Bestatter zum Beispiel, wir müssen ihn anrufen und alles besprechen und unterschreiben, aber ich bin zum Pfarrer, und er ist zum Haus, und wir haben uns die Trauer aufgeteilt, er ist dran, er übernimmt für mich, und ich sitze auf der Wildledercouch im Gemeindebüro und wünsche mir den Engel. Aber das ist schon wieder vorbei.

Ich wünsche nichts.

Ich sitze da und starre den Pfarrer an, der besorgt und etwas zerzaust zurückschaut, bis wir weiterreden können. Es reicht nur noch für Termine, die Müdigkeit steigt in meinem Körper hoch, sie füllt schon den ganzen Brustraum aus und nun auch die Kehle und presst sich von innen gegen mein Gesicht, ich kann die Zunge nicht mehr bewegen, meine Augen wölben sich von innen gegen die Augenlider, die Augenlider sinken. Ich erhebe mich sehr langsam und mache zwei kleine steife Schritte auf den Pfarrer zu, der noch sitzt und von unten zu mir hochschaut: Wenn ich etwas für Sie tun kann.

Nein, sage ich, danke, was sollte das sein, ich spreche langsam wie eine Gelähmte, aber er versteht trotzdem, er nickt und schiebt mich hinaus, weil ich sonst sicher stehen geblieben wäre auf seinem hellen Naturteppich, der mich an den Teppich im Wohnzimmer meiner Mutter erinnert, an die dreckigen Schafe in Schottland, als wir herumgereist sind, meine Mutter und ich, die Schafe bis zum Bauch in durchgeweichten Wiesen, die Stechmücken standen in flachen Wolken über dem Land, meine Mutter stachen sie überall, wo kein Stoff war. Wir bleiben ja in Kontakt, sagt er und schließt die Tür des Gemeindebüros, nicht weil er mich loswerden will, sondern weil er zu tun hat und glauben muss, dass auch ich zu tun hätte, und er hat ja recht.

Aber ich kann meine Beine nicht bewegen. Ich lehne an der Wand, die Linden an der Kirche blühen so heftig, dass Honig in der Luft hängt, der Berufsverkehr wie ein Wasserrauschen, das an- und abschwillt, ich könnte mich kurz hinsetzen und die Augen schließen, aber ich kann die Beine nicht einknicken, ich habe keine Knie mehr. Ich gehe mit steifen Beinen unter den Lindenbäumen entlang, ich spüre, wie sie in den Hüftgelenken hin und her kugeln, als seien sie aus Kunststoff.

Die Kerze neben dem Bett meiner Mutter brennt nicht, ich dachte es nur, als wir eintraten, aber niemand hat sie angezündet, meine Mutter liegt da in ihrem weißen Klinikhemd ganz ohne Kerze, und das ist empörend, nein, es ist mehr als das, es ist unfassbar. Untragbar, sage ich, und mein Bruder nickt, ich muss es nicht erklären, er weiß sofort, was ich meine, er legt eine Hand auf den

Arm meiner Mutter und passt auf, während ich zu den Schwestern gehe, aber im Stationszimmer ist niemand. Ich weiß nicht, wo sie sich herumtreiben, kein Notfall weit und breit, also kein Grund, nicht für mich da zu sein, aber es geht nicht um mich, es geht um die Kerze, die schon längst hätte brennen müssen. Ich klopfe an die Tür, obwohl keiner drin ist, ich kann ja schlecht herumschreien, ich klopfe also, und als immer noch keiner kommt, schlage ich zweimal gegen die Tür, und das kann keiner überhören. Aber die Schwester, die kommt, sagt nichts, sie schimpft nicht, es könnte die gleiche sein, der ich das Bild meiner Mutter gezeigt habe, sie schaut mich fragend an, und ich habe vergessen, warum ich gekommen bin. Ich senke den Blick und schaue auf den grünlich gemaserten Linoleumboden, und da fällt es mir ein, haben Sie vielleicht Streichhölzer. Sie greift gleich in die Kitteltasche und holt ein Feuerzeug hervor, ich habe es geahnt, sie hat eine Zigarettenpause gemacht, nun sehe ich auch die eckige Form der Zigarettenschachtel, die sich unter dem Stoff abzeichnet, ich glaube nicht, dass Sie das dürfen, sage ich plötzlich und fahre mir über die Stirn, nass ist mein Gesicht, als hätte ich es in den Regen gehalten. Die Schwester sagt nichts, sie reicht mir einfach das Feuerzeug, und wir zünden im Trauerzimmer die Kerze an und dimmen das Licht, und als mein Bruder und ich uns gerade neben unsere Mutter setzen wollen, springe ich wieder auf. Der glatte schwarze Stein fehlt, der auf dem Nachttisch meiner Mutter lag und auch hier auf dem Beistelltisch neben ihrem Bett, ich weiß es genau, er fiel mir ins Auge, weil in dem weißen Zimmer alles ins Auge fiel, das nicht weiß war, ihre Uhr, die man ihr abgenommen hatte, als sie die Zeit nicht mehr wusste, und ein Buch, in dem sie nicht mehr hat lesen können, und eben dieser Stein, ich will ihn zurück. Ich ahne, dass mein Benehmen unpassend ist, erst die Streichhölzer, jetzt der Stein, aber ich muss den Stein jetzt sofort haben, es könnte ja sein, dass sie ihn sonst wegschmeißen, so wie sie natürlich alles wegschmeißen, das nicht mehr gebraucht wird, warum sollte jemand einen schwarzen Stein aufbewahren. Meine Mutter hat diesen Stein fünfzig Jahre lang gehütet, er stammte vom Strand einer kleinen griechischen Insel, Liebesort meiner Eltern auf ihrer ersten Reise in die Ferne, eine Fähre am Tag, Schwimmen, ihre alten Freunde lernten sie dort kennen, ich muss diese alten Freunde anrufen, so wie ich alle alten Freunde meiner Mutter und meines schon lange gestorbenen Vaters anrufen muss, ich habe ja die Nummern gar nicht, ich habe nicht einmal angefangen mit allem, was zu tun ist, aber ohne den Stein kann ich gar nicht anfangen.

Wieder eile ich auf den Gang hinaus, zum Stationszimmer, nun ist auch der diensthabende Arzt da und kommt auf mich zu, aber ich will gar nicht hören, warum meine Mutter gestorben ist, er kann sich das alles sparen, ich will den Stein und steuere am Arzt vorbei direkt auf die Schwester zu, die im Türrahmen steht, der Stein, sage ich, wo ist er. Die Schwester schaut den Arzt an und schüttelt leicht den Kopf, der Arzt schiebt einen Stuhl für mich mitten in den Raum und sagt sehr ruhig, nun setzen Sie sich doch erst einmal, aber ich bleibe stehen und starre die Schwester an, die endlich versteht, dass wir den Stein in unser aller Interesse nun sofort finden müssen, und sie verschwindet. Also, sagt der Arzt einleitend, aber ich dränge an ihm vorbei, ihr hinterher, sie geht den Gang entlang, am Trauerzimmer vorbei, am Zimmer meiner Mutter vorbei, ich verstehe das nicht, wo will sie denn den Stein suchen, wenn nicht dort, und ich will schon rufen, aber dann sehe ich, dass über einem ganz anderen Zimmer ein Licht blinkt, und nun höre ich auch den schrillen Signalton, die Schwester sucht den Stein nicht, sie lässt mich dort stehen und verschwindet in das andere Zimmer, und ich kehre zurück zu meinem Bruder, der die Stirn auf die Schulter unserer Mutter gelegt hat und von Steinen nichts hören will.

Ich bin bei der Arbeit, und noch keiner hat mich gefragt. Es weiß ja auch keiner, wonach er fragen könnte. Es gibt für niemanden eine Möglichkeit zu fragen. Ich bin auch heilfroh, dass niemand fragt. Ich unterrichte meine Kurse, drei nacheinander, ich habe vorher zwei Tassen Espresso getrunken, ich habe mich kalt geduscht, ich habe mich schön angezogen, ganz in Grün. Wie ein Jäger, würde meine Mutter sagen, die grün hasste, sie trug immer nur Schwarz, Grau und Weiß, und wer soll nun ihre Sachen tragen, was mache ich mit ihren Sachen, ich muss mich darum kümmern, wenn diese Woche vorbei ist, wenn die Beerdigung vorbei ist, oder danach vielleicht. Keiner fragt, und ich spüre ein Beben in der Luftröhre, keiner merkt das, sprechen kann ich ja wie immer, obwohl ich es eigentlich aufgeben möchte. Also rede ich, und die Schüler reden, wir wechseln uns ab, eigentlich ist es ein hübsches Konzert, das manchmal zu laut wird und sich manchmal im Tempo sehr verlangsamt, und einmal gibt es sogar ein Schweigen, das sich im Raum ausdehnt und weitet, und ich stehe nur da und schließe die Augen, die sich wund anfühlen und weniger brennen, wenn man sie schließt, die Schüler schauen verlegen auf die Pulte, und als manche anfangen zu flüstern und zu mir hin zu nicken, wie ich da stehe ganz in Grün mit geschlossenen Augen, da sage ich irgendetwas, und die Schüler atmen auf und bewegen sich auf ihren Stühlen, und auch ich bewege mich mit kleinen Schritten, als könnte ich ausrutschen.

Auch mein Bruder ist bei der Arbeit, gleich am nächsten Morgen ist er wieder hingegangen, ich weiß nicht, sage ich, findest du das in Ordnung, gleich wieder in den Alltag einzusteigen, ich meine, man muss der Trauer ja auch Raum geben. Er schweigt, und da erst fällt mir ein, dass ich auch gerade von der Arbeit komme, und ich muss lachen. Er lacht auch ein wenig, aber es sieht aus, als sei er nicht mehr in Übung, und er hört auch gleich wieder auf. Er geht dann noch ins Rückenstudio, er hat einen kaputten Rücken, wie ich, wir könnten Zwillinge sein, mein Bruder und ich, und vielleicht sind wir es auch. Du kannst für mich mit-gehen, sage ich, es wäre auch wirklich gut, weil meine Wirbelsäule sich anfühlt, als hätte sie jemand unten am Steißbein noch mehr gebogen, als die Natur gestattet, und dieses umgebogene Stück brenne nun unten im Rücken vor sich hin. Das musst du schon allein ma-chen, sagt mein Bruder gewichtig, und es klingt so ernst, als redete er gar nicht von meinem Rücken. Ich muss also auch bald etwas unternehmen gegen dieses Brennen, aber es brennt so viel in mir, dass ich nicht weiß, wo ich anfangen soll, ein dunkles Glühen durch-zieht mein Atmen, Gehen, Laufen, Essen, Arbeiten, das sich manchmal anfühlt wie Heimweh, dann wie Sehn-sucht oder wie Liebesschmerz, und es ist zugleich alles drei.

Ich gehe zu meinem Geliebten, der mir gemailt hat, ich könnte kommen, wann immer es gut für mich sei, er sei immer immer für mich da, aber ich war gestern schon einmal da, und wer war nicht da? Und auch heute muss ich fünfmal klingeln, ich nehme ihm das übel, ich bin nachtragend, weil ich nichts vergessen kann, so dass alles, was mir jemand antut oder vergisst anzutun, in mir vermerkt ist, und eine der Erlösungen, die ein Engel mir schenken könnte, wäre ein völliger Stromausfall, der alles für immer auslöscht.

Du hast gesagt, du wärst immer da, sage ich weinerlich, gleich als er öffnet, und will, dass er mir die Hand aufs Haar legt und mich ins Wohnzimmer führt, meine Mutter ist gestorben, sage ich gleich noch dazu, obwohl er es ja längst weiß, und ich möchte in Tränen ausbrechen, dann weiß er, was zu tun ist, ich habe schon oft bei ihm geweint, manchmal sogar absichtlich. Aber diesmal will es nicht gelingen. Erzähl mal, sagt er, und es ist unpassend, wie er das sagt, es klingt, als sollte ich von den Ferien erzählen oder von der Arbeit. Ich schweige und strecke mich auf seinem Sofa lang aus, aber nicht, als wollte ich mich ausruhen bei ihm, sondern wie ein Pharao liege ich da, die Arme verschränkt, den Blick zur Decke. Er sitzt neben mir wie ein Therapeut und mustert mich, und ich will, dass er mich fragt, aber er hat ja schon gefragt, und es war die falsche Frage. Es ist alles zu mühsam, wir sollten ins Bett gehen und uns lieben, aber auch das scheint mir unendlich mühsam und aufwendig.

Das Brennen ist nun so stark, dass ich niemals weinen könnte, auch wenn ich es wollte, es flackert bis hinter die Augen, und darum brennen sie auch, natürlich. Was schaust du so, sage ich zu meinem Geliebten, ohne ihn anzusehen. Ach weißt du, sagt er, komm mal her, und er rückt näher zu mir und legt mir eine Hand auf den Arm und würde mich auch in den Arm nehmen, wenn mein starrer Pharaokörper sich lösen und ihm zudrehen könnte und meine Hände seine Finger umschließen und vielleicht sogar meine Lippen sein Gesicht berühren könnten, aber ich stehe mit einer Bewegung auf, als hätte mich jemand in die Senkrechte geschoben.

Ich kann nun zu meinem Bruder gehen, der inzwischen seinen Rücken gestärkt hat und ein stiller Mensch ist, ich kann auch ins Haus meiner Mutter gehen und anfangen, alles durchzusehen, oder ich kann zum Bahnhof gehen und auf und davon fahren, bei der Arbeit könnte ich mich vertreten lassen, man würde das verstehen, einfach weg, wie kindisch. Ich laufe langsam die Straße meines Geliebten entlang, wieder lindenbestanden, der Duft ein kindischer Angriff, ich kann an einen Ort fahren, an dem es keine Linden gibt oder genug Wind und Regen, um den Lindenduft zu zerstäuben und zu verwässern, wie kindisch, auf eine griechische Insel, auf irgendeine Insel.

Wir sind die Kinder. Wir sind vielleicht zu spät, aber nicht sehr viel zu spät, sie ist ja noch da, unsere Mutter, nur weiß ich nicht, was mit ihren Händen passiert ist. Sie hat doch ganz knochige feste Hände mit hervortretenden Adern, die sie gern gezeigt hat, die Haut war rot, die Knöchel spitz, aber diese Hände, die hier übereinanderliegen auf der weißen Decke, die sind weich, angeschwollen und auch warm, meine Mutter hat doch kalte Hände, immer schon waren ihre Hände kalt, aber trocken. Aber nun sind sie warm, trocken und dick, dicke Hände passen nicht zu meiner Mutter, und ich berühre diese Hände, wenigstens kalt müssen sie sein, so wie früher. Ich berühre auch ihre Stirn, die sehr glatt ist, und während ich mich erinnere an ihre Stirn, bevor sie hier lag, löscht sich die Erinnerung selbst aus, und im Erinnern entgleitet mir ihr Bild, und genau das habe ich mir doch gewünscht. Ich schließe die Augen, um noch etwas festzuhalten, ihren Blick, manchmal schelmisch, manchmal kokett, oft gequält, manchmal müde, wie kannst du so viel in einem Blick finden, ob sie es überhaupt hineingelegt hat, weißt du nicht. Aber die einzelnen Bilder überlagern sich und werden unscharf in dem Moment, in dem ich sie aufrufe, wie der Traum, den ich noch im Erzählen vergesse.

Ich breche alles ab.

Ich sehe: ihre nach hinten gekämmten Haare, den Verband um ihr Gesicht, die glatte Stirn, den schmalen kleinen Körper, kleiner als ich. Ich sehe: keinen Stein. Ich sehe: meinen Bruder, der mich in Ruhe lässt, er lehnt an der Wand und schaut auf den Gang, als warte er auf jemanden.

Findest du es schlimm, dass wir zu spät sind, frage ich laut. Er erschrickt und schaut zu mir herüber. Nein, sagt er.

Ich stehe am Bahnhof und schaue auf die Fahrpläne. Noch ist es Nachmittag, ich kann verreisen. Neben mir studiert ein älterer Mann die Abfahrtszeiten. Er muss sich weit nach vorne beugen, um ohne Brille die Uhrzeiten zu erkennen, seine Stirn berührt beinahe das Glas des Schaukastens. Neben ihm hockt ein großer zottiger Hund mit aufgerichteten spitzen Ohren. Ich streife ihn absichtlich mit dem Bein, um zu sehen, was er tut. Er bewegt sich aber nicht, er bleibt einfach hocken, wendet nicht einmal den Kopf zu mir. Ich finde ihn zu groß für den alten Mann. Wie will der Mann ihn halten, wenn der Hund nicht gehorcht? Oder gehorcht er so gut, dass der Mann keine Kraft braucht, um ihn zu führen? Kann der Mann diesen Hund überhaupt oft genug ausführen? Kann er lange Spaziergänge machen? Dieser Mann ist zu alt für den großen Hund. Ich bin nicht zu alt. Ich bin nicht jung, aber für einen solchen Hund nicht zu alt. Ich möchte auch so einen großen Hund, der sich mir anschließt, der wartet, wenn ich etwas zu tun habe, ohne zu fragen, aber groß muss er sein, sonst zählt es nicht, ein großer, fester, zäher Körper an meiner Seite, immer ganz dicht an meinem Bein, auch ohne Leine. Ich könnte den Mann fragen, ob er ihn hergibt, vielleicht ist er ihm gleichgültig oder sogar lästig oder einfach zu kostspielig, man könnte sich sicher einigen, vielleicht könnten wir auch einen Kompromiss finden, der Hund während der Woche bei mir, an den Wochenenden bei ihm, man könnte da sicher etwas ausarbeiten, ich hoffe nur, dass er einen Namen hat, den ich ertragen kann, es gibt Hundenamen, die kann keiner ertragen. Ich beuge mich zum Hund hinunter, da wendet sich der Mann mit einem Ruck von der Infotafel ab und zerrt den Hund zu sich. Ich schnalze leise, aber der Hund dreht sich nicht nach mir um. Ich bin immer noch grün angezogen, ich sollte nach Hause gehen und mich umziehen.

Als wir gehen, ist es zwei Uhr in der Nacht. Wir haben keinen Schlüssel für das Haus unserer Mutter. Es fahren keine Züge mehr in unsere Stadt, obwohl es nicht weit ist. Wir stehen vor der Klinik. Wir wollten früher gehen, aber es ging nicht. Mein Bruder verließ das Zimmer, ich blieb sitzen, nach einer Weile kam er wieder, um mich zu holen, und setzte sich zu mir, dann stand ich auf und ging voraus, wartete auf ihn, so kreisten wir umeinander, es gab nur uns beide und sonst niemand, keine Anwesenheit, niemand war da, meine Mutter war ganz sicher nicht da, sie war nirgendwo, auch nicht im

Trauerzimmer, und so hätten wir ja gehen können, aber wir waren wach und anhänglich, wir mussten nicht schlafen, wir konnten genauso gut bei ihr bleiben, auch wenn sie nicht da war, wir spürten schon erste Anzeichen des Brennens, das sich etwas milderte, wenn wir wieder bei ihr saßen. Aber das kann ja nicht ewig gehen, für immer sicher nicht, wir ziehen uns die Kittel aus und werfen sie in den Wäschesack, wir schenken uns ein Glas Mineralwasser ein und schauen auf das Plakat an der Wand mit dem Regenbogen, das geistliche Begleitung anbietet. Unter dem Arm tragen wir den Kulturbeutel und das Nachthemd unserer Mutter. Wir treten auf den Parkplatz, die Klinik ist immer noch hell beleuchtet, überall Licht, wie sollen sich die Kranken erholen, wenn es immer hell ist. Ein feiner Regen, zwei Taxis, ein Rauschen, Hochspannungsmasten. Zwei Uhr nachts. Jemand raucht neben der Schranke, eine Hand in der Tasche.

Wenn wir etwas eher gekommen wären, sagt mein Bruder. Das ist egal, sage ich, wir waren jetzt da, wir waren ja da. So ist es doch.

Ein Taxifahrer lässt das Fenster herunter und schaut zu uns herüber. Wir haben kaum Gepäck. Wir steigen ein und lassen uns zum nächsten Motel fahren.

Schönen Abend noch, wünscht der Fahrer, und wir nicken, immer noch wach. Wir könnten spazieren gehen, aber es gibt hier keine Landschaft, nur die Stadtumgehung, die E-Werke, das Industriegebiet West, also checken wir ein, mit einem Nummerncode. Wenn wir etwas eher gekommen wären, sage ich, aber mein Bruder hört mich nicht, er ist schon in dem winzigen Badezimmer und stellt die Dusche an. Dann liegen wir angezogen auf zwei Betten in dem schmalen Zimmer, ganz still. Mein Bruder schläft immer geräuschlos, früher dachte ich, er sei tot, und musste ihn manchmal wecken oder wenigstens anstoßen, bis er sich bewegte, nur um sicherzugehen, dass er noch lebte.

In dieser Nacht weiß ich nicht, ob er schläft, ab und zu bewegen wir uns und atmen tief. Wir liegen auf dem Rücken, das Verkehrsrauschen vor den Fenstern bricht nicht ab, es könnte das Meer sein. Es gibt ein Foto, meine Mutter und mein Vater am Meer, man kann sie nicht erkennen in dem körnigen Schwarzweißlicht, zwei Figuren am Wasserrand, sie gehen nebeneinander, wir wissen, wer und wo es war, und ich möchte dieses Foto suchen, aber ich weiß nicht, wo meine Mutter es aufbewahrt.

Der Bestatter kommt mit einer Liste und einem kräftigen Händedruck, der guttut, weil er sicher eingeübt ist, und weil er uns zeigt, dass der Bestatter weiß, was Trauernden guttut, Entschiedenheit tut ihnen gut, wir wissen nicht, wie Trauer geht, und an Entschiedenheit fehlt es uns sicher. Immerhin haben wir uns entschieden, den Bestatter anzurufen, und seit dem Anruf ist klar, was zu tun ist.

Folgendes ist zu tun, sagt er, und er sagt es nicht kalt oder gefühllos, aber eindeutig und zielgerichtet. Ziel ist die würdige Bestattung unserer Mutter.

Der Bestatter sammelt die Papiere ein, die er einreichen muss und die mein Bruder aus dem Haus geholt hat, und zeigt uns Listen mit Möglichkeiten für Anzeigen, Urnen, Friedhöfe, Redner, Liturgien und Särge. Wir müssen ja oder nein sagen. Nach jeder Frage schauen wir uns kurz an, dann sagt einer von uns ja oder nein. So arbeiten wir uns durch die Liste auf eine würdige Bestattung zu. Der Bestatter ist jünger als wir, er ist ein schlaksiger höflicher Kerl, sicher spielt er Basketball und hat als Junge Modellflugzeuge geklebt, er hat aber trotz seiner Jugend einen Vorsprung in Sachen Trauer, und das Brennen nimmt ab, solange er seine Liste abfragt.

Wollen Sie sie denn noch einmal sehen, fragt er dann.

Wieder schauen wir uns kurz an, nein, rufe ich, und mein Bruder gleichzeitig: ja, wir halten inne, überrascht, und ich schüttele heftig den Kopf, aber mein Bruder will sie sehen, er will noch einmal neben ihr sein und ihre Hände berühren und den Kopf an ihre Schulter legen, aber das geht nicht, Abschied kann man nur einmal nehmen, und außerdem, sagt der Bestatter vorsichtig, wird es dann, sag ich mal, etwas teurer.

Jetzt muss ich meinem Bruder aus seinem Wunsch heraushelfen, das ist egal, sage ich schnell, darauf kommt es ja nicht an, und der Bestatter will erklären, warum es teurer wird, aber da gibt mein Bruder auf, nein, schon gut, lassen Sie, wir haben uns ja schon verabschiedet, und so ist es.

Der Bestatter will nichts trinken, er hat schon, sagt er, und auch wir wollen nichts trinken, aber wir sollten gerade jetzt viel trinken, und ich stehe auf und hole meinem Bruder und mir ein Glas Wasser, und als ich wiederkomme, ist schon alles erledigt, und mein Bruder und der Bestatter sitzen schweigend auf dem Sofa. Mein Bruder blickt auf den Boden, der Bestatter, der Schweigen gewohnt sein muss, schaut sich im Zimmer um, und ich habe gar nichts dagegen, er könnte ein junger Kollege sein oder jemand aus dem Badmintonverein, er ist rosig und angemessen ernst, und als er sich verabschiedet, reicht er uns nicht mehr die Hand, als kennten wir uns nun gut genug, dass wir uns solche Rituale auch schenken könnten.

Mein Bruder trinkt das Wasser in langsamen, sorgfältigen Schlucken.

Am Bahnhof gibt es ein Café mit Stahlrohrsesseln und großen Schwarzweißfotos von Marilyn Monroe an der Wand, der alten Monroe, die ja so alt nicht war, verglichen mit meiner Mutter. Und mit mir. Ich kaufe mir eine Zeitung, setze mich ins Café und blättere in der Rubrik für Haustiere. Es gibt Meerschweinchen, Katzenbabys, Hamster, Ratten, Degus zu verschenken und auch ein paar Hunde in gute Hände abzugeben. Ich weiß aber nicht, ob sie groß genug wären. Ich könnte anrufen und nach der Größe fragen. Ich könnte meinen Bruder fragen, ob er den Hund nimmt, wenn ich in Urlaub fahre. Vielleicht könnten wir den Hund zusammen haben. Ich könnte selbst eine Anzeige schalten, großer folgsamer struppiger Hund mit spitzen Ohren gesucht.

Ich lasse die Zeitung sinken und spüre das Brennen scharf in der Speiseröhre und unter den Rippen. Ich versuche, es wegzudenken, aber es wird immer stärker. Es drängt sich auch in die Luftröhre, ich atme schneller, weil ich sonst nicht genug Luft kriege, schwindelig wird mir, und ich stütze das Gesicht in beide Hände, und dann fasse ich mir mit den Fingern auf die Kopfhaut und drücke, bis der Schwindel wieder abklingt. Jemand bringt einen Milchkaffee, den ich nicht bestellt habe, und ich denke an den Milchschaum und den Zucker und den Löffel, den ich gleich mit Zucker füllen werde, um den Zucker durch den Milchschaum rieseln zu lassen, und dann tue ich all diese Dinge nacheinander und rühre um und bin so erschöpft, dass meine Hände anfangen zu zittern.

Ich hebe den Blick und sehe an einem anderen Tisch

einen meiner Schüler mit einem Mädchen, dem er von hinten die Hand in die Jeans schiebt, während er mit der anderen Hand ihre Haare streichelt, und mir schräg gegenüber eine Frau allein, etwas älter als ich. Sie sitzt aufrecht und schaut mich an. Ihr Tisch ist leer, sie hat noch nichts bestellt, oder vielleicht habe ich ihren Milchkaffee bekommen, und sie schaut mich deswegen an. Sie ist schmal und zäh, sie erinnert mich an niemanden.

Die Frau an dem Tisch hat einen klaren, leeren Blick, wie Regenwasser, nicht für mich bestimmt. Obwohl ich nichts zu ihr gesagt habe und auch viel zu weit weg sitze, weiß sie, dass meine Kehle glüht, sie muss gesehen haben, wie ich mein Gesicht in den Händen vergraben habe, sie könnte zu mir herüberkommen und mir eine Hand auf die Schulter legen, oder besser noch: auf das Gesicht legen.

Sie könnte beide Hände um mein Gesicht legen.

Auf einmal weiß ich sicher, dass es mir dann besser ginge, und weiß, dass sie es tun muss, sonst halte ich es nicht aus, ich krümme mich, so sehnsüchtig will ich, dass diese Frau mich hält, und als ich es nicht mehr aushalte, stehe ich plötzlich auf, den Stuhl nach hinten stoßend, und gehe.

Mein Bruder hat sich zwei schwarze Hemden gekauft. Wir sitzen zusammen, sein struppiges Haar, seine ungeschickten Bewegungen, wenn er aufsteht und uns etwas zu trinken holt. Wir haben eine vergängliche schwarze Keramikurne ausgesucht und ein Holzkreuz und einen Spruch für den Pfarrer. Vergänglich, sagt der Bestatter, das heißt: sie wird sich auflösen. Wie lang das dauert? Kannst du dir ausrechnen.

Nur den schwarzen Stein habe ich nicht mehr finden können.

Frau Meng Woh und die Schönheit

Ich solle alles Schlechte draußen lassen, sagt Frau Meng Woh, als ich, den Behandlungskittel am Hals locker zugebunden, mit hängenden Armen vor ihr stehe. Ich weiß nicht, welches Schlechte und welches Draußen im Besonderen sie meint, ich bewege mich seit Stunden in der klimatisierten Frischluft der Singapur Paradise Shopping Mall, deren Ein- und Ausgänge sich verloren haben in den Fluchten sanft ausgeleuchteter Boutiquen. Es gibt Teichlandschaften, kleine Wälder, vorhin bin ich sogar an mehreren Vogelvolieren vorübergeschlendert; vielleicht soll ich das Schlechte dort lassen, in den geriffelten Sandböden oder dem malerisch geschwungenen Astwerk, in das sich winzige Vögel hineingefädelt haben, oder in dem Restaurant ohne Wände, das sich durch mehrere Hallen auszudehnen schien, überall die gleichen Theken und Leuchtschilder für Schalen mit Reis, Gemüse, Huhn, vielleicht sind es auch mehrere Betreiber, die hier ein Land der grenzenlosen Gastronomie geschaffen haben, daran kann Frau Meng Woh nichts auszusetzen haben.

Ich kenne seit fünf Sekunden ihren Namen, weil sie ihn an die schmale Brust geheftet hat, aber vielleicht könnte das glänzende Schild auch eine Berufsbezeichnung sein oder ein Ehrentitel, Doktor der Schönheit, Dame des Hauses, Lady mit den schmalen Händen, Chefin, Manager of the Beauty Salon Seven Pines; warum gerade Pines, hier gibt es keine Pinien, es könnte also alles bedeuten, und Frau Meng Woh wird es mir nicht erklären, das Fragen habe ich mir hier abgewöhnt. Ich habe einen Termin und das Geld schon am Empfang bezahlt, wo eine andere Dame mit einem anderen Schild mich angelächelt und mir einen scharfen Ingwertee gereicht hat, der im Rachen ein unangenehmes Brennen hinterließ. Dann hat sie mir diesen Kittel umgelegt, den ich selbst binden sollte, aber ich kann Schleifen nur, wenn ich sehe, was meine Finger tun, und wollte die Dame nicht um Hilfe bitten, sie hätte es auch nicht getan, es war eine erste Aufgabe, die ich nur unzulänglich bewältigte.

Deswegen löst sich das Band am Bündchen schon fast wieder, bevor Frau Meng Woh überhaupt Hand an mich angelegt hat. Sie tut so, als bemerke sie es nicht. Sie neigt den Kopf und lässt mich eintreten, obwohl niemand überprüft hat, ob ich das Schlechte draußen gelassen habe. Das Behandlungszimmer für die Verschönerung ist rein und Schall isoliert, mit dicken, weichen, schneeweiß gepolsterten Wänden, wie frisch aufgeschüttelt, nur dass Frau Meng Woh nicht aussieht wie Frau Holle, sondern schmal und als hätte sie kühle Hände. Ich werde von Frau Meng Woh zu einer Liege geführt, auf die ich mich viel zu plump fallen lasse, wie überhaupt meine Bewegungen anmutiger und vor allem leiser sein müssten, ich bin zu laut und vor allem verschwitzt, es ist kaum zu vermeiden in Singapur, obwohl ich schon seit Stunden durch den Eiswind der Paradise Shopping Mall heruntergekühlt bin.

Frau Meng Woh schwitzt nie, sie sieht frisch gesäubert und zeitlos aus, ihre Augenbrauen zu schönen Bögen gezupft, ansonsten hat sie außer dem schwarz glänzenden Haarschopf keinerlei Härchen im Gesicht, soweit ich bisher erkennen kann. Mir dagegen wächst das eine oder andere kleinere Gestrüpp an falschen Stellen, zwischen den Augen, in den Nasenlöchern. Aber deswegen bin ich ja hier.

Was möchten Sie, fragt Frau Meng Woh, nachdem sie meine ungeschickten Versuche beobachtet hat, mich in einer Rückwärtsdrehung auf die Liege hinabzulassen, und schweigend dem Quietschen meiner Waden auf der gummierten Beinablage gelauscht hat, bis ich mich zurechtgerückt und das ausgeleierte T-Shirt straff über den Bauch gezogen habe.

Ich möchte ein besseres, schmaleres und neueres T-Shirt, ich möchte auch, dass sich zu Hause alle über die Mitbringsel freuen, die ich in der Paradise Shopping Mall in folkloristischen Läden ausgesucht habe, ich möchte so wenige Falten wie Frau Meng Woh und genau die gleiche Geschmeidigkeit des Halses, von weiterreichenden Wünschen ganz abgesehen.

Ach, sage ich, das Gesicht vielleicht.

Frau Meng Woh beugt sich überraschend schnell zur Seite, zieht aus einer Ecke schräg hinter sich einen ausfahrbaren Vergrößerungsspiegel und lässt ihn direkt vor mein Gesicht schnellen.

Gesicht, sagt sie, viel Arbeit, und zum ersten Mal lächelt sie, und dann sagt sie noch, entspannen, es klingt wie ein freundlicher Befehl, dem ich mich gern füge. Ich schließe die Augen und warte. Frau Meng Woh bewegt den Spiegel vor meinem Gesicht hin und her, ich spüre die Bewegung und ihren Blick, dann ihre Finger an meinem Hals, die das Bändchen zu einer strammen Schleife binden. Sie steht auf, geht beinahe lautlos hin und her, jetzt duftet es nach Pinie und heißem Wachs, und dann hat sie meine Füße in ihren tatsächlich kühlen Händen und wiegt sie, als müsse sie das Gewicht prüfen.

Ich öffne schnell die Augen, Gesicht, sage ich sicherheitshalber noch einmal deutlich.

Ich habe Sie schon verstanden, entgegnet Frau Meng Woh, auf einmal in akzentfreiem, gestochenem Oxford-Englisch, aber so fange ich an. Schließen Sie doch am besten die Augen.

Doch jetzt geht es nicht mehr, ich bin überrascht von Frau Meng Wohs anderer Art zu sprechen und vom festen Griff ihrer Hände an meinen Zehen, für die ich mich plötzlich heftig schäme, sie sind krumm und verhornt, ich habe mit keiner Berührung gerechnet. Ich schaue ihr zu, wie sie prüfend über die Fersen und die harten Ränder meiner Zehen fährt, dann an jedem Zeh einzeln zieht, um sich schließlich aufzurichten und mir zuzunicken, als hätte ich die zweite Aufgabe bestanden. Der Pinienduft ist harsch, vielleicht eine Vorschrift der Salonbesitzer, ich überlege, ob ich um einen anderen Duft bitten soll, der besser hierher passt, und wonach Frau Meng Woh wohl riechen mag.

Unter halb gesenkten Augenlidern beobachte ich, wie sie mit den Fingern spielt und sich dann an meine rechte Seite setzt. Sie hält sich sehr aufrecht, ohne dabei hölzern zu wirken, dreht sich nach links und rechts und richtet einige Tiegel, eine Schale mit Öl. Währenddessen strömt Dampf aus einer Düse über meine ausgetrocknete Kopfhaut, quillt über die Brauen, bis ich eingehüllt bin in Frau Meng Wohs selbstgemachte Wolken. Sie reibt sich die Finger mit einem Tuch, nimmt eine Pinzette und reißt mir sorgfältig alle Haare aus, die sie in meinem Gesicht findet. Nur einen schmalen Bogen lässt sie von meinen Brauen. Ich schweige, während meine Augen feucht werden und die Nase zu laufen beginnt. In ihrem Blick suche ich nach Verachtung für mein aufgelöstes Gesicht, aber ihre Augen haben sich verengt, und sie fixiert einzelne Unreinheiten, die sie mit dem Druck beider Zeigefinger ausquetscht und wegwischt, während sie fragt, und warum sind Sie hier.

Gesicht, murmele ich.

Ich meine, hier in Singapur.

Ich reiße die Augen weit auf, um zu sehen, ob dies eine weitere Aufgabe ist, die es zu bestehen gilt, oder ob sie es wirklich wissen will.

Und warum bin ich hier. Ich bin hier, weil ich die Stadt kennenlernen möchte. Weil ich noch nie hier war. Weil es hier gute Mitbringsel gibt. Weil Singapur ein *stopover* ist. Weil ich eine Auszeit brauche. Was heißt Auszeit auf Englisch. Oder auf Mandarin.

Frau Meng Woh wartet, die Pinzette zwischen Daumen und Zeigefinger, geduldig, aber unnachgiebig auf meine Antwort. Ich habe länger gezögert, als sich ziemt. Ich räuspere mich und sage, ich bin geschäftlich hier.

Aber das genügt nicht, ihr Blick bleibt fragend auf mich gerichtet, jedenfalls scheint es mir so, und ich überlege, wie ich ihr erklären soll, dass es keine Geschäfte gibt und dass ich nicht weiß, warum ich hier bin, dass ich genauso gut irgendwo anders sein könnte oder nirgends, bis ich plötzlich entdecke, dass sie mir nicht in die Augen schaut, sondern auf eine Stelle neben meinem linken Augenlid, die sie nun auch in Angriff nimmt. Ein Lachen steigt in mir hoch oder eher ein Kichern, ich gluckse ein paar Mal vor mich hin und sage, ja, meine Firma, ein *business meeting*, wissen Sie.

Dann, sagt Frau Meng Woh hochkonzentriert, dann ist es von entscheidender Bedeutung, dass Sie schön sind. Als ich zustimmend nicken will, hält sie mein Kinn fest, damit ich stillhalte, sie ist noch nicht fertig, sie wird es mir erklären.

Schönheit ist der Schlüssel, sagt sie, Ihre Schönheit schlummert in Ihrem Gesicht, und Sie haben vergessen, wo sie ist.

Ich wehre ab, das ist mir zu geheimnisvoll und auch zu tadelnd, ich bin nicht Frau Meng Wohs Schülerin, ich habe für diese Behandlung bezahlt und muss mir nichts anhören, das mir nicht gefällt.

Jetzt übertreiben Sie aber, sage ich, vielleicht ist das ja hier so mit der Schönheit und dem Schlüssel, aber es gibt doch auch andere Kriterien in der Geschäftswelt, verstehen Sie.

Ich weiß nichts über die Geschäftswelt, ich habe, bevor ich nicht mehr wusste, was ich tun sollte, für Zeitungen geschrieben, schlecht bezahlt, unregelmäßig, ich kann mein Geld nicht zusammenhalten, ich überziehe mein Konto und kann den Euro nicht in Dollar umrechnen, eigentlich kann ich überhaupt gar nicht rechnen. Diese Behandlung hat viele Dollar gekostet, ich weiß aber nicht, ob sie teuer oder billig ist und ob ich mir Frau Meng Woh überhaupt leisten kann.

Kompetenz, sage ich, strategisches Denken, durchaus auch Risikobereitschaft, im Finanzsektor, wissen Sie. Man muss einfach etwas riskieren, um voranzukommen.

Keine Kinder, fragt sie.

Nein nein, sage ich und spüre einen raschen Stich der Reue, ich verleugne meine Kinder, meine dünnbeinige musikalische zottelhaarige grünaugige Achtjährige, meinen abenteuerlichen, flinken, gelenkigen, verstrubbelten Fünfjährigen, einen Augenblick habe ich sie deutlich vor Augen, Natascha und Uli auf dem Sofa mit Bilderbüchern, am Küchentisch über den Hausaufgaben, wütend nach einem Streit, mit blutigem Knie, heiß vom Fieber, kichernd, rufend, mich rufend, aber dann schaue ich in Frau Meng Wohs Gesicht und schüttele den Kopf.

Nein, alles geht eben nicht, ich habe mich für die Karriere entschieden, ich liebe das Reisen, all das geht mit Kindern nicht.

Nun hat sie angebissen.

Kinder machen schön, sagt sie.

Sie meint also, dass mir die Schönheit fehle, weil

ich kinderlos sei, aber sie irrt sich, sie weiß nichts von Natascha und Uli und wird nie erfahren, dass es andere Gründe für meine mangelnde Schönheit geben muss, sie weiß nicht, wie schön die Gesichter sind, die ich zur Welt gebracht, gepäppelt und gerundet habe, und auf einmal weiß ich es selbst nicht mehr. Ich sehe nur noch Frau Meng Wohs Gesicht vor dem dampfigen Weiß der Wände und in ihren Augen mich selbst, aber ich kann Natascha und Uli nicht mehr vor mir sehen, nur noch Einzelheiten wollen mir einfallen, Nataschas Fotoapparat, Ulis Narbe vom letzten Fahrradsturz, diese Narbe sehe ich so deutlich, als hätte Natascha sie fotografiert.

Mag sein, sage ich, aber in meinem Leben ist kein Platz dafür. Ich bin nie zu Hause, ich habe viele Abendtermine, oft gehe ich mit meinen Geschäftspartnern essen: ein üppiges mehrgängiges Menü, gut ausgewählte Weine, wir essen und plaudern, rauchen und trinken, wir lassen es uns gutgehen, dabei entstehen oft die großen Projekte, ganz beiläufig ergibt sich etwas, aber nicht dass Sie denken, ich überlasse alles dem Zufall: ich wähle den Abend, das Restaurant, die Weine, ich wähle die Garderobe, alles spielt zusammen.

Ja, sagt Frau Meng Woh, und ich fühle mich belohnt und verstanden.

Sie wählen alles richtig aus, sagt sie, und jetzt sind Sie hier.

Wir nicken uns zu. Eine Weile arbeitet sie schweigend weiter, ich kann nun die Augen beruhigt schließen und muss an nichts anderes denken als an die weißen Wände des Zimmers, auch der Pinienduft stört mich nicht mehr, er erinnert mich nicht mehr an die Nächte im Zelt, als wir, die Pullover zu Kopfkissen gerollt, so nah aneinander lagen, wie es die Hitze erlaubte, nicht nur die Arme, Beine und Bäuche berührten sich, sondern auch die Füße, die wir an den Zehen miteinander verknoteten, so dass keiner abrücken konnte, wir blieben einfach die ganze Nacht über so liegen, und wenn der eine sich im Schlaf wegrollte, schob sich die andere wieder an ihn heran und verhakte die Zehen, weil eine Trennung unerträglich war, und wenn es draußen knackte, dachten wir an Feuer und Waldbrand und dass die Zeit nicht reichen würde, um zu fliehen, denn ein Waldbrand verbreitet sich in Sekundenschnelle und unkontrolliert, also konnten wir gleich liegen bleiben, und wenn die eine Durst hatte, trank der andere einen großen Schluck und ließ ihn in meinen Mund rinnen, und die Mücken stachen uns überall, bis die einzelnen Stiche zu einer wunden Fläche anschwollen, wir sahen aus wie Verwundete. Wir durften uns nicht blutig kratzen, wir legten uns die Hände auf die heißen Flächen und drückten, bis wir das Kratzen vergaßen und auch den Waldbrand und die viel zu trockenen Pinien, deren Wurzeln dennoch so tief in die Erde reichten, dass sie immer genug Wasser fanden.

Ich wohne sehr angenehm, murmele ich, im Royal Mandarin, sehr komfortabel, und als ich dies sage, vergesse ich mein Reihenhaus, ich vergesse unser kleines heißes Schlafzimmer, dessen Parkettboden wir selbst verlegt haben, und das große Kinderzimmer mit dem Etagenbett, oben Natascha, unten Uli, ich stoße mir den Kopf, wenn ich zu Natascha hochklettere, um mich abends an sie zu schmiegen, denn nicht sie braucht meine Umarmung, sondern ich ihre, und ich liege bei ihr, bis sie schwer wird und einschläft. Ich schlafe nicht, ich schaue auf das milchig glimmende Nachtlicht und nehme ihren heißen Fuß zwischen meine verhornten Zehen, die Frau Meng Woh gleich seidenweich raspeln wird, und danach werde ich ins Royal Mandarin fahren, in meine Suite, in der ich hin und her gehe, die Agenda für das *meeting* am nächsten Morgen im Kopf und die Lichter von Singapur unter mir, denn die Suite liegt im höchsten Stock, davon muss ich ausgehen.

Ganz oben, murmele ich, den Kopf in den Wolken.

Frau Meng Woh hat den Dampf abgeschaltet und die Pinzette beiseite gelegt. Sie streicht in regelmäßigen Bewegungen über mein Gesicht, fährt mir über die Nase, kreist über die Stirn und zupft am Kinn, mit einer Liebkosung nicht zu verwechseln, es fühlt sich an, als würde ich zum Bügeln ausgelegt, eine zielstrebige Geschäftigkeit, so wie Frau Holle die Kissen aufschüttelt, sonst tut sich nichts, kräftig geschüttelt, ein Schlag in die Mitte, fertig ist die Laube.

Frau Meng Woh hört aber nicht mehr auf. Sie massiert Öl in jede Pore, zwischendurch die Füße, Schorf und Hornhaut rieseln auf die Unterlage, sie klopft auf meine Lippen, bis sie glühen, dann greift sie in die Haut vor meinen Ohren, als wollte sie mir das Gesicht abziehen, und ich gebe ein leises Stöhnen oder Murren von mir, es tut weh. Da lässt sie los, hebt mein Kinn und zwingt mich, sie anzuschauen.

Wie alt bin ich, fragt sie.

Mir wird heiß. Ich kenne die Sitten hier nicht, jede Antwort könnte die falsche sein. Ich weiß nicht, ob sie alt oder jung sein möchte. Ich will das Richtige sagen, also am besten gar nichts, ja, sage ich, schwer zu sagen, ich finde, Sie sehen – Sie sehen zeitlos aus.

Die Antwort war gut gewählt. Sie lächelt.

Und Sie, sagt sie, könnten aussehen wie dreißig. Sie haben keine Kinder, Sie verdienen gut, Sie sind angesehen in der Geschäftswelt. Es liegt nur an Ihnen. Und sie gibt mir die Hand und hält mir gleichzeitig mit der anderen einen runden Spiegel vor. Ich schaue mich an, mein glattes, leicht öliges, leeres Gesicht, und begrüße mich.

Ich fahre mit einem Finger über die Wangen. Es gibt keine lockere Haut mehr, das Gesicht passt jetzt einfach besser. Das sage ich auch zu Frau Meng Woh, die

70

gerade die Tür des Behandlungszimmers öffnet. Direkt davor steht die andere Dame, den Kopf etwas geneigt, als hätte sie die ganze Zeit gelauscht. Sie reicht uns lächelnd einen Teller mit Mangoschnitzen. Damit das Schlechte draußen bleibt, erklärt Frau Meng Woh und hilft mir aus dem Kittel, ohne mir noch einmal ins Gesicht zu schauen, als ob ihre Arbeit keine weitere Begutachtung erfordere.

Bezahlt haben Sie ja, sagt sie, und gibt mir ihre Karte, die ich einstecke. Gleich werde ich hinausgehen, hinein in die Paradise Shopping Mall, einen italienischen Kaffee trinken, um das Brennen des Ingwertees und die merkwürdige Schläfrigkeit, die hinter meinem neuen Gesicht wirbelt, zu vertreiben, und mir ein Kostüm kaufen. Die Tasche mit den Mitbringseln lasse ich in der Garderobe stehen.

Wie in Schweden

I

Kurz bevor sie nach Schweden wollten, platzte der Mutter das Gesicht.

Etwas ganz innen zerbarst, ein Blutgefäß, eine Ader, und das Blut platzte ihr aus der Nase, so erzählte es der Vater später, und stürzte überall hin. Jedenfalls fanden die Kinder überall Blut, auch in der Küche, im Flur. Dann musste sie im Badezimmer am Waschbecken gewesen sein, ein Taschentuch vor das Gesicht gepresst, es lag noch da, schwer von Blut.

Sie wachten auf, viel später als sonst, der Morgen war schon warm und hell, und lagen eine Weile versonnen im Bett, die Geräusche anders als sonst beim Aufstehen, und dann schauten sie auf die Uhr und sprangen hoch. Niemand war da, kein Frühstück in der Küche, kein Zettel, sie standen im Flur herum und redeten leise, dann wischten sie mit Klopapier an den Flecken herum, aber es waren zu viele.

Wir müssen in die Schule.

Wir gehen heute nicht.

Meinst du – was meinst du, was los war.

Komm, wir gehen in die Schule.

Sie nahmen ihre Ranzen, die Schwester schmierte dem Bruder noch eine Stulle, bevor sie zögernd die Haustür zuzogen.

Hast du einen Schlüssel.

Vergessen.

Jetzt gehen wir erst mal in die Schule.

Es gab keinen Ärger. Die Lehrer fragten nach. Die Kinder schauten die Lehrer hilflos an und zuckten mit den Schultern.

Es war ja keiner da.

Einer nahm sie mit und telefonierte. Sie standen im verglasten Schulbüro und duckten sich, hier war man nur, wenn Not am Mann war, und es konnte ja nicht sein, dass plötzlich Not am Mann war bei ihnen, das hätte ihnen doch der Vater gesagt oder die Mutter.

Da wussten sie nicht, dass die Mutter drei Wochen nicht sprechen konnte, weil man ihr Gesicht zustopfen musste, damit das Bluten aufhörte.

Der Vater kam aus der Klinik gleich in die Schule und holte sie ab. Sie wollten aber nicht.

Wir haben doch Schule. Noch zwei Stunden. Wir kommen gleich.

Aber der Vater wollte sie nicht allein lassen und sich nicht allein lassen, ihr müsst euch nicht beunruhigen, jetzt kommt halt mit, aber sie hätten sich viel weniger beunruhigt, wenn sie in der Klasse hätten sitzen können wie immer, und der besorgte Blick der Lehrer störte schon nicht mehr, war schon fast schön, die Lehrer und auch die anderen Kindern schauten ab und zu unauffällig zu ihnen hin, fürsorglich, und sie machten geheimnisvolle Gesichter.

Du musst doch zur Arbeit.

Heute nicht.

Machen wir dann was Schönes?

Heute nicht.

Als sie nach Hause kamen, wischte er das Bad, aber er hatte nicht viel Übung, er übersah immer etwas.

Sie gingen auf Spurensuche, es war ein Spiel. Bis sie sahen, dass der Vater unbeweglich in der Küche stand und auf den Herd starrte.

Willst du kochen? Wir helfen dir. Wir können schon Spaghetti.

Aber er hörte nichts, er drehte den Kopf nicht zu ihnen. Sie bewegten sich leise um ihn herum wie Spione, dann zupften sie an ihm. Aber er sagte nichts, er ging schweigend ins Wohnzimmer und saß im Sessel, länger, als man glauben konnte.

Sie warfen sich Blicke zu, sie machten Hausaufgaben, sorgfältiger als sonst, weil niemand denken sollte, sie nutzten die Lage aus. Der Tag begann anderen zu ähneln, der Vater sprach wieder, er erzählte von dem geplatzten Gesicht und von der Klinik und dass sie morgen alle zu Besuch hin könnten und dass man froh sein konnte, dass sie so nahe an der Klinik wohnten, und dass das Essen ein Problem sei, er könnte ja keine Dose aufmachen, ob sie nicht in der Schule essen könnten, und ob sie Kuchen vom Bäcker holen könnten, und weil er ihnen einen großen Geldschein gab, kauften sie für das ganze Geld Kuchen, den sie dann auf dem Küchentisch auftürmten, und da musste der Vater lachen.

Abends sangen die Amseln mit einer Schärfe, die ihnen wehtat, und sie zerrten die Matratzen in den Keller, wo es kühl war und man die Amseln nicht hörte und wo der Staubsauger stand und die Waschmaschine, und da schliefen sie.

Ob es wieder gut wird?

Der Vater antwortete nicht, er wollte nicht lügen, aber er sollte lügen, er sollte es wenigstens versuchen, das konnten sie erwarten, alles andere war unzumutbar.

Sag es uns.

Stattdessen kam die Oma und übernahm das Haus, weil Not am Mann war, und da musste die Familie zusammenhalten, und der Vater musste ja auch wieder arbeiten, und sie waren immer noch kein einziges Mal in der Klinik gewesen.

Die Oma wollte, dass sie sich nach dem Essen bei ihr für das Kochen bedankten, indem sie sie küssten und sagten, wie gut es geschmeckt hatte.

Die Schwester versuchte, in der Schule zu essen. Aber weil sie niemanden kannte, denn all ihre Freundinnen, bei denen nicht Not am Mann war, aßen zu Hause, saß sie allein neben einer Gruppe älterer Jungen, die sie mit Pommes bewarfen und ihr, als sie kurz aufstand, um sich eine Serviette zu holen, Ketchup in den Schokoladenpudding rührten und ihr hinterherjohlten, als sie aufgab und ihr Tablett wegbrachte. Seitdem aß sie mit der Oma und dem Bruder, aber sie hatte keinen Hunger.

Nach dem Essen baute die Oma das Bügelbrett auf und schimpfte leise über die Mutter, weil sie nie bügelte und sich alles angestaut hatte. Die Kinder duckten sich und gingen in ihre Zimmer. Dann durfte die Oma mit dem Vater in die Klinik, weil sie die Mutter der Mutter war.

Ja und wir.

Wir sind doch die Kinder.

Sie kam zurück und weinte ausgiebig.

Das kann eine Mutter nicht ertragen, die eigene Tochter so zu sehen.

Wie zu sehen?

Ich erspare euch das, weinte die Oma, ihr könnt das nicht verstehen, aber der Vater kann froh sein, dass wir in der Familie so zusammenhalten.

Die Kinder sahen sich an, und dann schrieben sie eine Petition an den Vater.

Wir wollen morgen in die Klinik. Sonst fahren wir eben alleine hin.

Die Oma wischte sich nach dem Scheißen nicht richtig ab, man sah Spuren auf der Klobrille.

Als sie neben dem Bett der Mutter standen, bereuten sie es. Das Gesicht der Mutter war bewegungslos, weil es von innen zugestopft war, erklärte der Vater später, eine Maske mit dicker Stirn und aufgerissenen Augen.

Der Bruder fing an zu weinen.

Die Schwester stellte sich dicht neben die zugestopfte Mutter und sagte, in der Schule haben wir mit Afrika angefangen, wir müssen alle Länder auswendig lernen, und was glaubst du, wie viele Länder Afrika hat? Und morgen schreiben wir eine Lateinarbeit, ich muss nachher noch Vokabeln lernen, weißt du, und gestritten habe ich mich auch mit Birgit, die ist ein Arschloch.

Der Bruder stieß sie an, aber sie hörte nicht auf, einer musste ja etwas tun, und sie tat, was sie konnte, bis ihr nichts mehr einfiel und die Mutter sie mit aufgerissenen Augen anstarrte und der Vater die Kinder hinausschob.

Sie schliefen jetzt immer im Keller, die Oma schlief

im Bett des Bruders, der Vater im Bett der Mutter. Das hatten sie gemerkt, als der Bruder nachts weinend aufwachte und hochlief zum Vater, aber das Bett war leer, und er fing gleich gellend an zu schreien, bis der Vater verschlafen aus dem Zimmer der Mutter kam.

Warum schlaft ihr denn nicht in einem großen Bett?

Weil wir schnarchen.

Es stimmte, der Vater schnarchte, die Schwester hörte es manchmal, wenn sie nachts aufwachte und sich ins Treppenhaus setzte, weil es im Keller zu dunkel war. Sie saß auf der Treppe, die einen Teppichbelag hatte, und hörte, wie der Vater nach Luft schnappte, und die Straßenlaterne vor dem Haus stand in einem Kreis aus weißem Licht, und manchmal, weil ihr kalt war und niemand sie sehen konnte, umfasste sie ihre Schultern und rieb sich die Arme.

Dann wurde es sehr heiß, die Oma wollte mit ihnen ins Schwimmbad gehen, aber sie weigerten sich.

Wir haben keine Badehosen mehr, die alten passen nicht. Wir wissen auch nicht, wo die Handtücher sind.

Das wusste die Oma, sie hatte längst alle Handtücher gewaschen, gebügelt und neu gestapelt, und sie könnte auch neue Badesachen kaufen, aber die Kinder hatten jeden Nachmittag etwas vor, lange heiße Tage, bis sie wieder mit in die Klinik durften, kurz vor den Sommerferien.

Aber wir wollten doch nach Schweden.

Aber das war doch schon alles geplant.

Es geht eben nicht.

Aber alle fahren in Urlaub.

Der Vater musterte sie enttäuscht, wie sie an Urlaub denken konnten in der schweren Zeit, aber die schwere Zeit dauerte schon lange und war zu heiß, und in Schweden könnte man in kalten Seen baden, so wie geplant, was sollten sie sonst in den Ferien tun. Im Freibad waren schon die Wiesen verbrannt.

Jetzt steigt ein, wir fahren zu ihr.

Ihr Gesicht war ihr wieder ähnlich. Nur die Nase war noch verstopft, ein dicker Klumpen zwischen den Augen. Der Bruder drängte sich hinter die Schwester, die sich noch kurz am Ärmel des Vaters festhielt, bevor sie zur Mutter trat, die sich im Bett halb aufgesetzt hatte.

Wir – wir haben dir was gemalt. Aber das haben wir zu Hause vergessen. Und die Oma soll nicht immer Obstsalat machen, er schmeckt bitter, weil sie alte Apfelsinen reinmacht, und sie – sie riecht nicht gut, nicht so wie du, und die Schwester wagte sich nach vorn und legte ihren Kopf an die Mutter, die nicht so roch wie zu Hause, aber auch nicht schlecht, eigentlich nach nichts. Die Mutter könnte die Kinder umarmen, sie konnte ja schon wieder aufsitzen, aber es war, als hätte sie vergessen, wie es geht, sie saß nur da und lächelte ungeübt und sprach auch ein bisschen, aber was sie sagte, hatten die Kinder vergessen, schon als sie wieder zu Hause waren, und sie stritten sich darüber.

Dann kamen die Sommerferien, sie fuhren nicht nach Schweden, aber der Vater versuchte, Ausflüge zu machen, die manchmal abgebrochen werden mussten, weil er etwas vergessen hatte, das Geld für den Zooeintritt, den Termin in der Klinik, Omas Geburtstag auch, der Tag ging vorüber, sie backte sich selbst einen Geburtstagskuchen mit Erdbeeren und hielt durch bis zum Abend, dann brach sie in Tränen aus, und die Kinder verstanden das. Geburtstage darf man niemals vergessen.

Dann kam die Mutter nach Hause, und sie bastelten Papierschilder und Girlanden. Die Mutter freute sich, aber etwas in ihrem Gesicht war schief geblieben und lächelte nicht mit.

Nach Schweden fahren sie nächstes Jahr.

II

Dieses Jahr wirklich, sie fahren wirklich nach Schweden, obwohl es anders ist, weil ein Jahr vergangen ist, sie sind ein Jahr älter, die Kinder, die Eltern und auch Schweden, ein Jahr älter. Sie wollen vielleicht nicht mehr so dringend nach Schweden wie letztes Jahr, aber jetzt geht es, die Gesichter sind wieder ungefähr so, wie sie sein sollen.

Wenn die Kinder die Mutter fragen, ob wieder alles gut ist, sagt sie, ja, alles sei sehr gut, und sie glauben es ihr.

Aber nicht so gut wie vorher.

Ein Rest Schmerz sei da noch.

Was heißt das? Tut dir noch was weh?

Da sei etwas beschädigt.

Wird das denn wieder heil, oder wie?

Das fragt die Schwester, sie will es genau wissen, nicht nur, ob es wieder heilt, sondern auch, wann und wie.

Ist doch egal, ruft der Bruder, das wird doch wieder gut, und er will sie wegziehen, aber sie stößt ihn zurück, dass er gegen die Mutter prallt.

Müsst ihr hier herumbalgen.

Eine unmerkliche Schiefe drückt den einen Mundwinkel ein wenig in die Höhe, den anderen etwas nach unten, aber es fällt nicht auf, man sieht es eigentlich gar nicht, nur sie sieht es, und die Mutter muss es sicher auch sehen, aber sie schaut nicht in den Spiegel, nicht wenn jemand dabei ist. Obwohl sie seit letztem Weihnachten einen ausklappbaren Spiegel haben, den man an einer Metallvorrichtung bis ganz dicht vor das Gesicht ziehen kann, bis man die Nasenlöcher sieht und die winzigen Vertiefungen, die die Windpocken zwischen den Augenbrauen hinterlassen haben, die Lippen, die nicht ganz dicht abschließen, sondern einen feinen Spalt offen stehen, und all die anderen Löcher, ein Gesicht besteht aus einer Ansammlung von Durchlöcherungen, die erst aus der Nähe richtig ins Auge fallen. Die Augenbrauen wildern hinunter auf die Augendeckel und fransen an den Enden in die Haare hinein, die weiße Stirnhaut ist gemustert mit feinen schwarzen Pünktchen, die man entfernen muss, dafür gibt es in der blauen Plastikdose der Mutter ein kleines Metallstäbchen mit Loch, das man genau über den schwarzen Punkt legen muss und dann drücken, bis ein winziger weißer Strang herausquillt wie ein Zuckerfädchen, die Mutter hat es ihr gezeigt, und es bleibt danach ein weiteres feines Loch in der Stirn, sichtbar nur im ausziehbaren Spiegel, den die Mutter nun nicht mehr benutzt.

Sie trägt auch keinen Lippenstift mehr auf.

Magst du keine roten Lippen mehr?

Doch.

Warum malst du sie dann nicht an?

Ich kann die Lippen nicht mehr spitzen.

Es stimmt, sie probieren es, sie bestehen darauf, dass die Mutter die Lippen zur Probe spitzt, und sie versucht es. Die Lippen zucken ein bisschen, die Oberlippe kräuselt sich, aber Spitzen kann das niemand nennen, das müssen sie zugeben.

Dann kannst du ja nicht mehr pfeifen.

Brauche ich ja auch nicht, oder?

Gut, dass wir keinen Hund haben.

Gut, dass du nicht Flöte spielst.

Was ist mit Küssen?

Die Mutter drückt ihr einen Kuss auf die Backe, aber tatsächlich ist der Kuss breiter und weniger gezielt als früher, zumindest scheint es ihr so, aber wie soll sie es auch genau sagen, sie hat ja keinen Vergleich.

Also fahren sie nach Schweden, die Mutter packt wie immer, die Kinder packen Malsachen und viele Bücher, weil es in Schweden auch schon mal regnet, aber sicher nicht nur, und wenn, dann machen wir es uns eben gemütlich.

Der Vater fährt sie durch halb Europa, sagt er, und es ist so weit, dass man ihm glauben muss, auch wenn sie inzwischen alt genug sind, um die Entfernung genau auszurechnen. Sie kauern auf der Rückbank und pressen die Ohren an den Kassettenrekorder, in dem die Otto-Kassette läuft, die letztes Jahr noch neu war, aber man kann sie immer noch hören, und sie können froh sein, dass sie nun zusammen unterwegs sind nach Schweden, sie berühren sich ab und zu an den Zehen oder legen der Mutter eine Hand in den Nacken. Die Mutter dreht sich manchmal um, als wolle sie sichergehen, dass niemand ausgestiegen ist.

Niemand steigt aus, niemand bleibt zurück.

Wann sind wir endlich da?

Zum Quengeln seid ihr eigentlich zu alt. Schweden ist eben nicht um die Ecke.

Ihr könnt froh sein, dass wir überhaupt fahren.

Gehen wir dann auch in die Sauna? In Schweden hat jeder eine Sauna.

Sehen wir dann auch Elche?

Hinter Hannover mischt sich plötzlich ein hohes Dröhnen in die Fahrgeräusche. Das könnte der Asphaltbelag der Autobahn sein, oder einfach ein Nebengeräusch, oder doch der Asphalt. Aber dann hört es nicht mehr auf, sondern wird höher und dringender, und der Vater hält am nächsten Rastplatz. Sie steigen aus, nur die Mutter bleibt im Auto, lehnt den Kopf an die Nackenstütze und schließt die Augen. Sie stehen um das Auto herum, ungeschickt öffnet der Vater die Kühlerhaube, reibt sich die Hände mit einem Taschentuch und beugt sich ratlos über den Motor. Ein heißer Ölgeruch dampft auf den Kabeln.

Wir fahren einfach weiter.

So können wir nicht weiterfahren.

Er geht in den Rasthof, um zu telefonieren. Die Mutter sitzt still im Auto, als sei sie eingeschlafen. Die Kinder schauen sich an, dann heben sie die Gesichter in den feinen Nieselregen.

Wie in Schweden.

Wünschen darf man sich alles

1. Hannes

Hier hat jeder einen Zettel, sagt die Betreuerin am dritten Advent, und darauf könnt ihr eure Wünsche malen, dann weiß der Weihnachtsmann, was er euch bringen soll. Die Kinder beugen sich über das Papier. Manche können den Stift nicht halten. Artur malt mit dem Fuß. Bernie reißt ein Stück von seinem Blatt und schiebt es in den Mund. Nicht essen, Bernie, sagt die Betreuerin und zieht ihm den feuchten Fetzen aus den Zähnen. Bernie schnauft und tritt gegen das Tischbein, aber niemand schaut auf.

Ein Pferd, murmelt Carolin, auf jeden Fall ein Pferd, aber ein richtiges, nicht so ein Pony für Babys. Da kommst du doch gar nicht hoch, sagt Katrina, die sind riesig. Na und, sagt Carolin, ich wachse ja noch. Ihr

Kopf sitzt tief zwischen den Schultern. Ihre Beine sind krumm wie verwachsene Rebstöcke. Das glaubst du wohl, lacht Katrina. Wünschen darf man sich alles, ruft die Betreuerin streng. Was wünschst du dir denn, Katrina. Katrina richtet sich hoch auf, Inliner, mit Gummirollen, und Knieschoner und einen Schutzhelm. Den brauchst du nicht, lacht Tony und zeigt auf den gepolsterten Kopfschutz, der unter ihrem Kinn festgezurrt ist. Katrina knüllt ihr Blatt zusammen und wirft es an Tonys Stirn. Tony kann nicht ausweichen. Artur stößt das Glas mit den Buntstiften um. Die Betreuerin kriecht auf dem Boden herum und sammelt die Stifte wieder ein, Kinder, könnt ihr nicht friedlich sein.

In der Ecke sitzt Hannes. Hannes hat sich die Haare lang wachsen lassen, obwohl das unpraktisch ist. Er lässt sie vor sein Gesicht fallen, damit ihn niemand beobachtet, und malt sorgfältig. Erst malt er die Spieler und das Spielfeld, die Tore und den Schiedsrichter. In der Mitte lässt er eine weiße Stelle. Die wird er nachher ausfüllen, wenn es ruhiger ist. Hannes wünscht sich einen Schiedsrichter, kichert Katrina. Ich glaube nicht mehr an den Weihnachtsmann, brüllt Tony, wer glaubt noch an den Weihnachtsmann, Hände hoch. Keiner meldet sich, aber alle malen weiter.

Während die Betreuerin sich einen Kaffee macht, geht Hannes mit dem Bild in sein Zimmer. Er holt seine Filzstifte und zieht mit dem Zirkel einen Kreis in die Mitte. Den füllt er mit schwarz-weißen Karos. Er vergisst die Nähte nicht und nicht das Ventil zum Aufpumpen. Die Einzelheiten sind wichtig. Er glättet das Blatt und legt es vorsichtig unter die Schulbücher.

Nach den Weihnachtsferien füllen sich die Zimmer mit den Geschenken. Carolins Plüschpony weidet auf ihrem Bett. Katrina verleiht ihr Inliner-Video gegen Süßigkeiten. Hannes hockt am Schreibtisch und beugt sich über das Fußballbuch, das er nicht gemalt hat. Zeig mal her, sagt Tony, aber Hannes legt die Arme darüber. Bernie hat viel Schokolade bekommen, die er nicht verträgt. Die Betreuerin schüttelt den Kopf und verteilt die Schokolade im Gruppenraum. Alle johlen und hauen Bernie auf die Schulter, der bei jedem Schlag den Mund aufreißt und röhrt.

Da bringt Hannes sein Fußballbuch und reicht es herum. Die Mädchen stöhnen und holen Monopoly aus dem Schrank. Die Jungen blättern sich durch die Fotos und die Tabellen, letztes Jahr waren wir noch gut, rufen sie, vor allem im Mittelfeld, das Problem liegt in der Verteidigung, was, Hannes. Hannes nickt und streicht sich das Haar hinter die Ohren. Schneid dir mal die Zöpfe ab, meint Tony, sonst wird das nichts mit dem Kicken, oder siehst du hier einen mit langen Haaren, und er tippt auf die glänzenden Großaufnahmen.

Als Ende Januar der Friseur ins Heim kommt, trägt

Hannes sich in die Liste ein. Er erzählt es niemandem, und als er am Dienstag aus dem Unterricht geholt und ins Krankenzimmer geschoben wird, wo der Friseur seine Scheren zurechtgelegt hat, denken alle, er sei krank. Hannes hat die Krätze, rufen sie, nein, Fußpilz, nein, Rinderwahn, und sie lachen ihm hinterher. Sie lachen bei jedem, sagt der Betreuer, der Hannes schiebt, mach dir nichts draus. Weiß ich, sagt Hannes und sinkt etwas in sich zusammen, als der Friseur die Schere ansetzt, na, Kamerad, wie mögen es denn die Mädels. Kurz, murmelt Hannes, ganz kurz. Der Friseur schneidet schnell und setzt dann den Rasierer an, das lohnt sich ja richtig bei dir, jetzt sieht man wenigstens, dass du ein Junge bist. Bist du doch, oder? Auf dem Boden krümmen sich Hannes' Strähnen und sehen plötzlich aus wie Abfall. Im Spiegel sieht er ein schmales, nacktes Gesicht auf einem dünnen Hals. Der Friseur klatscht ihm auf den Nacken. Nächster bitte, ruft er dem Betreuer zu.

Muss ich gleich wieder zurück in die Klasse, fragt Hannes und spürt die Luft zwischen den Stoppeln. Der Betreuer schaut auf den rasierten Kopf und die Hände, kräftiger, als man denkt, mit denen Hannes seine Beine auf den Fußstützen zurechtschiebt, wohin willst du denn. Ich weiß nicht, sagt Hannes, raus. Sie gehen durch die Schiebetür in den feuchten Park. Der Betreuer zündet sich eine Zigarette an, nicht petzen, ja?

Ja, sagt Hannes. Sie schweigen. Der Betreuer hustet und schiebt mit dem Schuh einen Stein hin und her. Wen findest du am besten, fragt Hannes, in der Nationalmannschaft, meine ich. Keine Ahnung, sagt der Betreuer, Fußball ist nicht mein Ding. Hannes wird rot. Die Röte kriecht über die Wangenknochen, die Nasenwurzel, bis zur Stirn. Ich meine, sagt der Betreuer und wirft die Zigarette weg, das Mittelfeld ist sehr stark im Moment, oder. Das Problem liegt in der Verteidigung, sagt Hannes. Beide nicken. Als der Betreuer ihn zurück in die Eingangshalle schiebt, ist die Röte noch nicht gewichen.

Im März gibt es fünf Karten für das Länderspiel. Ein großzügiger Spender hat sie dem Heim geschenkt. Alle wissen es, obwohl die Betreuerin nichts verraten hat. Die Mädchen verstehen sowieso nichts davon, brüllt Tony, die brauchen sich gar nicht erst zu melden, die sollen mal schön zu Hause Monopoly spielen. Schon mal etwas von Frauenfußball gehört, ruft Katrina. Bernie soll hierbleiben, der kriegt das sowieso nicht mit. Nein, Artur, der hat Platzangst. Tony darf sowieso nicht, der hat zwanzig Minuspunkte.

Hannes sagt nichts. Er wartet auf die Liste mit den Namen. Als die Betreuerin am Montag früh aus ihrem Büro kommt, um sie an die Pinnwand zu hängen, sitzt er schon im Flur. Guten Morgen, Hannes, sagt sie. Da weiß er, dass er mitdarf. Er ballt die Fäuste und schließt die Augen. Ja, flüstert er, ja ja ja. Sie fährt ihm über die Stoppeln, und er duckt sich nicht.

Abends liegt ein Zettel auf seinem Kopfkissen. Dreckiger Schleimbeutel, steht darauf. Hannes nimmt den Zettel, knüllt ihn zusammen und schiebt sich damit in den Gruppenraum, wo Bernie in sich zusammengesunken im Rollstuhl döst. He, Bernie, sagt Hannes. Bernie reißt die Arme auseinander und wirft den Kopf nach hinten. Hier hast du was, sagt Hannes und steckt ihm den Zettel in den aufgesperrten Mund.

Das Spiel ist am Samstag. Alle reden davon. Die Mädchen gründen einen Verein zur Abschaffung des Fußballs. Am Freitag bemalen die Auserwählten Bettlaken mit den Namen ihrer Lieblingsspieler und werden umlagert von denen, die nicht mitdürfen. Wenn du mich fahren lässt, schenke ich dir meine Computerspiele, flüstert Tony Hannes ins Ohr, und zwar alle. Hannes zuckt mit den Schultern. Oder was willst du, flüstert Tony, du bestimmst den Preis. Nichts, sagt Hannes und hält sich die Ohren zu. Du musst mich fahren lassen, sagt Artur, ich bin noch ärmer dran als du, und er wedelt mit seinen winzigen Händen vor Hannes' Gesicht, gönnst du mir denn gar nichts. Lasst mich in Ruhe, schreit Hannes, fragt doch die anderen. Die anderen sind nicht so Weicheier wie du, sagt Tony, die sind unbestechlich, verstehst du.

In der Nacht zum Samstag wacht Hannes auf. Sein

Kissen ist klamm, etwas steigt ihm heiß die Kehle hoch, und bevor er die Nachtwache rufen kann, erbricht er einen gelblichen Schwall über die Decke. Die Nachtwache hält ihm die Schultern, während er keucht, sich den Mund abwischt und gleich wieder anfängt zu würgen. Als die Nachtwache die Laken abzieht, lehnt er zittrig am Kopfende, morgen bin ich wieder in Ordnung. Immer langsam, Jungchen, sagt die Nachtwache freundlich, du bist weiß wie die Wand. Bestimmt, murmelt Hannes, bestimmt bin ich wieder in Ordnung, morgen.

Als draußen die Amseln singen, liegt er im frisch bezogenen Bett und hört die anderen schon im Gang johlen, später Tellerklappern aus dem Essraum und Katrinas hohes Lachen. Er zittert unter der Decke. Jemand reißt kurz die Tür auf und schreit, gute Besserung. Der Tag zerrinnt. Als abends im Gruppenraum die Übertragung eingeschaltet wird, ist Hannes längst eingeschlafen.

Jeden Nachmittag nach den Schulaufgaben spielen Tony und Artur Fußball im Gang. Sie tragen Vereinshemden und Turnschuhe. Tony hat welche mit Klettverschluss, damit die Betreuerin weniger Mühe hat. Artur schießt, und Tony fängt den Ball mit der Breitseite des elektrischen Rollstuhls ab. Weil Artur wendig ist und die Schwerfälligkeit des Rollstuhls ausnutzt, könnte Tony Verstärkung gebrauchen, aber er wehrt sich. Hau

ab, Krüppel, schreit er, wenn Hannes sich in die Schuss-
linie schiebt und der Ball gegen seine Fußstützen knallt,
hau einfach ab und geh spielen. Der Ball ist sowieso nur
aus Plastik, ein Kinderball, rot mit weißen Punkten.

Mit Fußball hat das nichts zu tun, sagt Hannes im
Gruppenraum, und weil er lauter spricht, als man es
von ihm gewohnt ist, schauen alle hoch. Sie basteln
Osterschmuck. Die Betreuerin hat Küken und Schmet-
terlinge ausgeschnitten, Carolin bläst Eier aus. Jedes
Mal, wenn ein Klumpen Dotter in die Schüssel klatscht,
zuckt Bernie zusammen. Wieso, fragt die Betreuerin.
Ach, ist doch egal, murmelt Hannes und wischt mit der
flachen Hand über den Tisch. Papierküken und Schnip-
sel wirbeln hoch und schweben zu Boden. Das hebst
du auf, sagt die Betreuerin. Hannes ballt die Fäuste so
heftig, dass sich die Fingernägel in die Haut graben.

Soll ich dich mal zu einem Spiel mitnehmen, fragt
der Betreuer. Er lehnt im Türrahmen, als sei er zufäl-
lig vorbeigekommen. Ich denke, Fußball ist nicht dein
Ding, sagt Hannes misstrauisch. Ich würde mir schon
mal eins anschauen, sagt der Betreuer und sieht, weil er
weiß, dass Mitleid sofort entdeckt wird, gelangweilt aus
dem Fenster. Hannes starrt ihn an, zögert, dann senkt er
den Blick. Keine Lust, sagt er. Du kannst es dir ja mal in
Ruhe überlegen, meint der Betreuer und lässt den Blick
schweifen, als er aus dem Zimmer geht. Warum ist dein
Zimmer eigentlich so kahl, fragt er, früher hattest du

doch alles voll mit Postern. Die gefallen mir nicht mehr, sagt Hannes patzig.

Nach Ostern muss Hannes Reiten lernen. Du brauchst Bewegung, erklärt man ihm, und das Reiten ist gut für deinen Rücken. Mein Rücken ist in Ordnung, sagt Hannes, ich will nicht reiten, das ist für Mädchen. Ja genau, lachen die Mädchen, komm, wir tauschen, lass uns reiten. Nur Carolin lacht nicht. Sie sieht Hannes mit brennenden Augen an. Hannes spürt den Blick und dreht sich zu ihr um. Er zuckt mit den Schultern, als wolle er sich entschuldigen. Er lässt sich mürrisch in den Reitstall fahren und wartet im süßen Pferdegestank, bis er an der Reihe ist. Vor ihm wird Bernie von zwei Helfern auf ein Pferd gehievt und festgezurrt. Hannes' Pferd ist hoch wie ein Turm. Er starrt auf die knotigen Knie und die Steigbügel, die man ihm über die Füße ziehen wird. Das Pferd tritt gemächlich auf der Stelle, Bewegungen, die ihm nicht geheuer sind.

Bis er im Sattel sitzt, ist er nassgeschwitzt und kann die Zügel kaum halten. Das Pferd setzt sich in Gang. Vor ihm geht Bernies Pferd, Bernie hängt über dem Nacken, das Gesicht in der Mähne, er rutscht, ruft der eine Helfer. Bernie kreischt, es ist sein Angstschrei, nicht das fröhliche Gröhlen, das ihm aus der Kehle bricht, wenn man ihn kitzelt. Die Helfer laufen neben dem Pferd und zerren ihn hin und her. Hannes schließt die Augen, hört Bernies schrille Stimme und spürt den schwankenden Schritt des Pferdes. Mir wird schlecht, murmelt er.

Als sie wieder im Heim sind, will er gleich in sein Zimmer, aber im Gang vor seiner Tür lehnt Carolin. Wie war es, fragt sie, ohne ihn anzusehen. Schrecklich, will Hannes sagen, aber dann sieht er in Carolins Gesicht. Du musst die Zügel locker halten, sagt er. Sonst tut dem Pferd das Maul weh, sagt Carolin. Genau, nickt Hannes.

In den Nächten vor den Reitstunden liegt Hannes wach und fürchtet sich vor der Höhe des Pferderückens, dem unerbittlichen Schaukeln und Bernies Geschrei. Die Helfer begrüßen ihn immer, als hätte er einen Preis gewonnen, sie strahlen und drücken seine schweißige Hand und nicken ihm zu, wenn sie ihn in den Sattel heben. Er schließt gleich die Augen und lässt die Zügel auf den dicken Hals des Pferdes sinken. Hinterher wartet Carolin. Immer steht sie im Gang. Wenn er kommt, legt sie eine Hand auf den Rollstuhl, als könnte er ihr sonst entkommen, und stellt eine Frage, die sie sich vorher überlegt hat. Wie heißt es, fragt sie. Hannes weiß es nicht, er hat nicht nach dem Namen gefragt. Sternwind, sagt er. Sternwind, wiederholt Carolin. Oder sie fragt, ob Hannes im Galopp geritten ist, oder ob es schlimm ist, wenn man abgeworfen wird, oder wer den Pferden die Hufe auskratzt.

Immer wenn Hannes dem Betreuer begegnet, vor dem Klassenzimmer oder im Pausensaal, hebt der Betreuer fragend die Augenbrauen. Hannes schaut jedes Mal weg. Dann treffen sie im Hof aufeinander. Hannes muss zur Behandlung, und der Betreuer steht halb verborgen hinter einer Säule und raucht. Als er Hannes sieht, legt er einen Finger auf die Lippen. Hannes nickt. Und, fragt der Betreuer, was macht der Fußball. Ich reite jetzt, sagt Hannes schnell, zweimal die Woche. Immer auf demselben Pferd. Es heißt Sternwind. So, Sternwind, sagt der Betreuer, na dann, Cowboy, und er zertritt die Zigarette, zwinkert Hannes zu und geht wieder hinein.

Die Behandlung ist diesmal schmerzhaft und scheint nicht aufzuhören. Wenn du an die Krücken willst, musst du mehr trainieren, sagt die Therapeutin und schnallt Hannes aus den Geräten. An die Krücken, sagt Hannes, wieso Krücken. Wir haben doch schon darüber gesprochen, seufzt die Therapeutin, wenn du deine Arm- und Rückenmuskulatur aufbaust, ist das schon denkbar, das habe ich auch deinen Eltern gesagt, du hättest dann einen ganz anderen Radius, verstehst du. Ja, murmelt Hannes, was heißt das noch mal, Radius. Radius, wiederholt die Therapeutin ungeduldig, Beweglichkeit, Spielraum eben. Hannes starrt, als sie ihm die Schuhe bindet, auf das Haar der Therapeutin, das im Nacken fast so kurz geschoren ist wie seins. Kann ich öfter kommen, fragt er. Überrascht richtet sich die Therapeutin auf. Ihr Gesicht ist rot vom Bücken. Na also, sagt sie.

Seitdem ist Hannes sehr beschäftigt. Zweimal die Woche muss er reiten und zweimal zur Behandlung. An seine kahlen Zimmerwände hängt er Pferdeposter, die man sich in der Apotheke mitnehmen darf. Tony und die anderen schießen den Plastikball durch die Gänge, tauschen Fußballbilder und reden nicht mit Hannes. Wenn er vorbeikommt, wiehern sie leise. Manchmal findet er auf seinem Frühstücksbrettchen eine alte Mohrrübe. Artur hat zum Geburtstag einen handgenähten Lederball bekommen, den sie im Heim nicht benutzen dürfen, denn der Aufprall hallt im Gang wie ein Schuss. Niemand darf in Hannes' Zimmer außer der Putzfrau und Carolin, sie haben ein Klopfzeichen vereinbart. Carolin sitzt auf dem Bett und redet über Pferde, Hannes sitzt am Schreibtisch und hört zu. Den Zimmerschlüssel trägt er an einer Kordel um den Hals, obwohl Abschließen im Heim verboten ist, aber niemand sagt etwas.

In der Weihnachtszeit schmückt die Betreuerin den Gruppenraum mit den silbernen Kugeln vom letzten Jahr. Artur und Tony sind im Stimmbruch und weigern sich, die Adventslieder zu singen. Am dritten Advent teilt die Betreuerin wie immer die Zettel aus. Ihr wisst ja, sagt sie, gebt euch Mühe, dann wird sich der Weihnachtsmann auch ins Zeug legen. Der gute alte Weihnachtsmann, kichert Tony mit brüchiger Stimme. Zu dir kommt er bestimmt nicht, sagt Katrina. Du bist auch nicht schöner geworden, Baby, sagt Tony galant und zieht den Kopf zwischen die Schultern. Ruhe, ruft die Betreuerin, gebt endlich Ruhe.

Carolin sitzt vor einem leeren Blatt. Und was wünschst du dir, fragt die Betreuerin und hält Bernies Hände fest, die wild durch die Luft schlagen. Carolin zuckt mit den Schultern und schaut nach draußen. Der Hof liegt still im kühlen Licht.

Plötzlich schiebt sich eine heftig schwankende Gestalt ins Blickfeld. Die Betreuerin hat sie auch gesehen und lässt Bernies Hände los, die krachend auf der Tischplatte landen. Sie geht ans Fenster. Alle lassen ihre Stifte sinken und schauen auf den Jungen, der seine Krücken in den Boden stößt, die schlaffen Beine hinterherzieht, kurz in sich zusammensinkt, um dann wieder den Oberkörper zu strecken und die Krücken nach vorne zu wuchten. Sein Kopf pendelt hin und her, die Augen sind halb geschlossen unter dem nassgeschwitzten Haar. Er umrundet den ganzen Hof. Bernie stößt einen Schrei aus und schlägt die Schnabeltasse vom Tisch. Guck dir den an, sagt Tony mit tiefer Stimme.

Wie Ronaldo.

2. Billie

Billie malt mit dem Kopf.

Das dauert sehr lange. Erst muss er auf seinem Stuhl so lange herumrücken, bis er nah vor der Leinwand sitzt. Dann müssen die zuckenden Arme hinter dem Rücken zur Ruhe kommen. Er trägt ein ledernes Stirnband mit einer Halterung. Die Daumen verhakt er hinter der Stuhllehne, beugt sich langsam nach vorne und stößt mit der Halterung auf den Pinsel, den er sich ausgesucht hat. Wenn er sich wieder aufrichtet, wächst ihm der Pinsel aus der Stirn. So, murmelt er, jetzt kann es losgehen.

Anna, die heute zuschauen darf, weiß nicht, ob sie etwas sagen soll. Sie schaut auf Billie, auf seine ruhelosen Hände. Da dreht sich Billie zu ihr um. Der Pinsel zeigt direkt auf Annas Stirn. Billie grinst und sagt, sieht verrückt aus, ich weiß. Anna atmet durch. Ja, sagt sie leise, ziemlich verrückt. Billie nickt zufrieden und dreht sich wieder der Leinwand zu. Mit raschen Bewegungen taucht er den Pinsel in die Farben, die ihm seine Mutter auf der Palette gerichtet hat, tupft ein schlammiges Grün auf die Leinwand, ein Felsgrau daneben, ein Acker, eine Steinmauer.

Warum malst du immer Landschaften, fragt Anna leise. Aber jetzt antwortet Billie nicht mehr.

Er schnauft leise und wiegt sich zwischen Farben

und Leinwand hin und her. Jeder Farbtupfer ist eine Verbeugung.

Im Heim sagen sie, Billie war ein Draufgänger, der hatte Hummeln im Hintern. Ein Presslufthammer, ruft eine Betreuerin, der konnte doch nie stillsitzen, dem flogen die Arme um den Kopf wie Propeller. Immer Ärger. Manchmal hat er um sich getreten, dann konnte ihn keiner anfassen. Bei Ausflügen hat er so getan, als könnte er nicht sprechen. Hat gegrölt und gestöhnt, peinlich war das. Wieso peinlich, fragt Anna. Du bist noch nicht lange hier, sagt die Betreuerin, du kennst die Tricks noch nicht. Warte mal ab. Die wissen, wie sie dich rankriegen. Anna denkt an Billies verschränkte Hände und die kleinen grünen Tupfer auf der Leinwand. Wieso rankriegen, sagt sie.

Beim nächsten Ausflug ist sie als Begleiterin eingeteilt. Sie schieben die Rollstühle zum Bus. Bernie ist schon festgeschnallt und schlägt mit dem Hinterkopf an die Nackenstütze. Ich nehme Pommes, ruft Tony. Es ist ganz wichtig, sagt die Betreuerin, am normalen Alltag teilzuhaben. Wir wollen uns doch nicht im Heim verbarrikadieren. Die anderen schreien, Hähnchen, nein Hamburger, Pizza, Pizza mit Schneckenschleim, ruft jemand, und alle lachen. Die Betreuerin dreht sich nach hinten um. Eins ist klar, sagt sie in das verebbende Gelächter hinein. Wenn ihr euch nicht benehmen könnt, ist der Spaß vorbei. Und zwar sofort. Ist das klar. Alle schauen schweigend aus dem Fenster.

Anna sitzt neben Max, der sich für den Ausflug hübsch gemacht hat. Seine Haare starren wie ein feuchter Igelpelz. Was willst du essen, fragt sie leise. Max schaut geradeaus, aber seine Hand tastet auf der Armlehne nach Annas Arm. Pommes, flüstert er. Mit Mayo. Anna spürt die kalten Finger und weiß nicht, ob sie den Arm wegziehen darf. Vorsichtig rückt sie von Max weg und schaut ihn von der Seite an. Er blickt immer noch geradeaus auf die Straße, als sie vor der Pizzeria halten.

Die Betreuerin sieht aus, als wollte sie sich die Ärmel hochkrempeln. Sie laden die Rollstühle aus. Bis alle an der mit einer rotweiß gewürfelten Tischdecke hergerichteten langen Tafel sitzen, dauert es eine halbe Stunde. Bernie, der als Erster ausgeladen und an das Kopfende der Tafel gesetzt wurde, tritt unruhig gegen die Tischbeine. Die Kellnerinnen gehen herum, streicheln über Max' Igelhaare und verteilen lächelnd Speisekarten. Die Betreuerin setzt sich gar nicht erst hin, umkreist den Tisch und schraubt Schnabeltassen auf. Die wenigen anderen Gäste beugen sich über ihre Biergläser. Ein älteres Ehepaar nickt Anna, die Artur ein Lätzchen umbindet, ermutigend zu. Anna schwitzt. Sie nickt höflich zurück.

Pizza mit Schneckenschleim, flüstert Tony. Schon

bricht ein Kichern los, die Betreuerin hebt warnend die Hand, auch Anna versucht, strenge Blicke in die Runde zu werfen. Bernie reißt den Mund auf und stößt einen kehligen Ton aus, der allmählich an Lautstärke gewinnt. Kinder, zischt die Betreuerin, was habe ich gesagt. Die Kellnerin eilt herbei. Was darf es denn sein, ruft sie in das Brummen, Brabbeln und Kichern hinein, haben Sie, ich meine, habt ihr euch schon etwas ausgesucht.

Auf einmal wird es still am Tisch. Sogar Bernie verstummt mit offenem Mund. Ein Speichelfaden rinnt langsam auf die rot-weiße Tischdecke. Eine Pizza Vier Jahreszeiten, bitte, sagt die Betreuerin entschlossen, und jetzt jeder der Reihe nach. Die meisten nehmen Pizza Margherita oder Pommes. Hannes will nichts. Tony besteht auf einem halben Hähnchen mit Pommes, das ihm die Betreuerin seufzend gestattet. Anna hat keinen Hunger, sie bestellt einen Beilagensalat. Du kannst bei mir probieren, sagt Max und errötet.

Anna wendet den Blick ab und schaut aus dem Fenster. Ein graues Herbstlicht drückt gegen die Scheiben. Sie denkt an den leuchtenden Sommerhimmel auf Billies Bildern. Warum malt Billie immer dasselbe, fragt sie die Betreuerin. Billie, seufzt die Betreuerin und reicht das Ketchup herum, der malt eben, was sich gut verkauft. Sommer auf dem Lande. Das glaube ich nicht, sagt Anna, das kann doch nicht sein, all die Mühe. Der verdient so sein Geld, sagt die Betreuerin, und das will etwas heißen, für jemanden wie Billie. Die meisten schaffen das nicht. Ja, sagt Anna und will noch mehr sagen, sie will erzählen, wie sorgfältig Billie seine Farbtupfer setzt, wie gerade er seinen Rücken hält, wenn er sich über die Palette beugt. Die genauen Bewegungen der Pinselspitze. Die winzige Landschaft, die in der Mitte der Leinwand beginnt wie eine Insel im weißen Wasser, die sich dann ausbreitet, Fleck um Fleck, Getreidefelder, weißgeschlemmte Bauernhäuser, fingernagelgroße Kühe, gelber Raps, Klatschmohn, ein Fuchs im Gebüsch, auf dem Feldweg ein Spaziergänger mit Strohhut, so winzig. Kitsch, sagt die Betreuerin, dafür zahlen die Leute, Kitsch vom Kopfmaler. Er war sogar schon in der Zeitung.

Ich weiß nicht, sagt Anna, aber da stößt Katrina ihre Limo um, gelber Schaum schwappt auf Annas Hose, Katrina fängt an zu weinen, Bernie erschrickt und stößt einen bellenden Schrei aus. Die Kellnerin tänzelt mit einem Aufnehmer herbei, die anderen Gäste lächeln nicht mehr, sie starren auf die prustende, zuckende Gruppe, Anna tupft an ihrer Hose herum, die Betreuerin hält Bernie an den Schultern, und jetzt fängt Tony an zu lallen. Er wirft den Kopf in den Nacken, macht Arme und Beine steif, stampft auf den Boden und jault. Tony, schreit die Betreuerin, hör sofort auf, aber sofort, doch Max, der stille Max, stimmt ein, stöhnt und trommelt mit den Fäusten auf die Tischplatte. Blass vor

Wut greift die Betreuerin den Rollstuhl und will ihn hinausschieben, aber Max heult, Anna, heult er, Hilfe, Anna.

Da springt die ältere Dame auf, die Anna vorhin zugenickt hat, lassen Sie doch den Jungen, schreit sie und fasst die Betreuerin am Ärmel, das arme Kind.

Später im Heim werden Minuspunkte verteilt. Anna hat Kopfschmerzen und sitzt zittrig in der Ecke. So wird das nie etwas, wütet die Betreuerin. Auch Anna bekommt Minuspunkte. Etwas mehr Unterstützung hat man sich von ihr versprochen, etwas mehr Entschlossenheit. Am nächsten Tag hat sie frei, schläft aus und geht dann zu Billie.

Billie lebt mit seiner Mutter in einem schmalen Reihenhaus nicht weit vom Heim. Manchmal kommt er vorbei, setzt sich in den Gruppenraum, spielt Gameboy mit den Mädchen und blättert die Fußballbilder der Jungen durch. Wenn er bis abends bleibt, kocht ihm die Nachtwache einen Kamillentee, den sie in eine Schnabeltasse füllt, und setzt sich zu ihm. Wie läuft das Geschäft, fragt sie und zwinkert ihm zu, während sie ihm die Tasse an die Lippen hält. Billie schaut ihr ernst in die Augen und sagt, undeutlich und verwaschen, wie das seine Art ist, das ist kein Geschäft, das ist Kunst. Die Nachtwache kichert. Ja ja, weiß ich, also, was macht die Muse. Sie küsst, sagt Billie zufrieden, sie ist die Einzige, die mich küsst.

Als Anna klingelt, hört sie die langsamen Schritte der Mutter im Flur. Die Mutter, eine alte Frau im Hauskleid, hat mit der Treppe Mühe, sagt Billie, aber nicht mehr als ich. Wenn die Mutter stirbt, muss Billie wieder ins Heim. Das wissen alle außer der Mutter. Sie glaubt an Billies Kunst. Künstler finden immer einen Weg, sagt sie und zupft Billies eingeknickten Kragen zurecht. Er war schon in der Zeitung, und sie zeigt Anna den gelblichen, brüchigen Zeitungsausschnitt, den sie gleich am Eingang mit Tesa an die Tapete geklebt hat. Der Kopfmaler, sagt sie, der malt besser als die anderen mit der Hand, und sie nickt zu Billie hinüber.

Billie versucht gerade, mit der einen Hand die fuchtelnde andere einzufangen und hinter dem Rücken zu verstauen. Schon gut, murmelt er, machst du Anna einen Tee. In der Akademie wollten sie ihn nicht, ruft die Mutter, während sie in die Küche schlurft, die nehmen da keinen aus dem Heim. Billie schüttelt den Kopf, an dem schon der Pinsel klemmt. Ich war nicht gut genug, sagt er leise zu Anna, ich kann nur Landschaften. Anna will ihn loben, sie will ihm sagen, dass diese Landschaften ganz besonders sind, ein besonderes Leuchten in sich tragen, etwas Zartes, Frisches, hart Erkämpftes.

Na und, sagt sie, die sind doch schön. Was anderes fällt mir nicht ein, sagt Billie, wenn die Muse küsst, und er nickt mit dem Pinsel zu den Wänden hin, die mit seinen Bildern bis unter die Decke vollgehängt sind. Anna lässt ihren Blick über die Bilder wandern, Felder im Schnee, Felder im Frühling, Heugarben, wattige Schafherden, winzige Lerchen in die blaue Luft getupft, die Feinheit einer Kopfbewegung. Ich hätte gern eins, sagt sie. Kannst du dir gar nicht leisten, grinst Billie, vielleicht schenk ich dir mal eins. Weißt du was, wir gehen aus. Hast du Lust? Anna weiß nicht, ob sie Lust hat, mit Billie auszugehen. Ich dachte, du wolltest arbeiten, murmelt sie. Die Muse war heute noch nicht hier, sagt Billie und legt den Kopf schräg, wie soll ich da arbeiten. Komm, eine kleine Spritztour.

Er reißt seine Hände auseinander und streckt Anna seinen Kopf entgegen, kannst du das mal rausmachen. Anna zupft den Pinsel aus der Halterung, und wie machst du das, wenn du allein bist? Gar nicht, sagt Billie, das macht alles meine Mutter, meine Mama, und er schmatzt der Mutter, die sich gerade mit einem Tablett durch die Tür schiebt, einen Kuss durch die Luft zu, was wäre ich ohne dich. Wollt ihr denn keinen Tee? Wir drehen eine Runde, verkündet Billie, gleich wieder da, und er zwinkert Anna zu. Wieso drehen, sagt Anna, soll ich ein Taxi rufen. Nicht nötig, Baby, nuschelt Billie, noch nie hat jemand Anna so genannt, abscheulich doch eigentlich, und sie traut sich, das auch zu sagen, nenn mich nicht Baby, sagt sie, und Billie grinst. Schon gut, Baby.

Vor dem Haus steht sein Wagen. Er fährt mit den Füßen. Der Sitz ist weit zurückgelagert, das Lenkrad in Kniehöhe. Er setzt sich auf seine Hände, schiebt die Füße in zwei Lederschlaufen am Lenkrad. Der Rest ist Automatik. Eine Sonderanfertigung, sagt er stolz, als ob er Anna ein Geheimnis verriete. Anna macht sich auf dem Beifahrersitz schmal, wohin wollen wir denn. Wohin willst du, Baby, sagt Billie. Hör auf, sagt Anna, ich mag das wirklich nicht. Billie pustet sich das Haar aus der Stirn und lenkt den Wagen auf die Hauptstraße. Er fährt zügig. Anna senkt den Blick auf das Handschuhfach. Unfallfrei, sagt er. Wir könnten essen gehen. Nein, ruft Anna und richtet sich auf, ich habe keinen Hunger, ich habe gerade erst gefrühstückt, bloß nicht essen gehen. Schon gut, meint Billie.

Eine Weile schweigen sie. Anna spürt die Beschleunigung und das Abbremsen der Automatik, als säße sie in einem Flugzeug. Ihr fällt nicht ein, wie sie das Schweigen brechen könnte. Als sie an einer Ampel an der Ausfallstraße warten, sieht sie die fassungslosen Gesichter im Auto nebenan. Sie schließt die Augen, bis der Wagen zum Stehen kommt, in einer Parkschlaufe irgendwo vor der Stadt. So, sagt Billie und zieht die Füße aus den Schlaufen, du kannst aussteigen.

Anna öffnet die Beifahrertür, steigt aus und stützt sich mit den Armen auf die Tür. Hinter den blitzenden Verkehrsströmen der Autobahn liegen Felder, so weit der Blick reicht. Über schlammigem Braun und altem Grün heben und senken sich Krähenschwärme. Der Horizont zerrinnt zu einem sanften Grau.

Siehst du, sagt Billie. Warum malst du keine Krähen, sagt Anna. Ich kann nur Sommer, meint Billie und lacht.

3. Yannis und Susi

Die anderen bauen Stühle. Der Werklehrer richtet das Holz und rührt den Holzleim an. Tony und Max dürfen sogar an die Stichsäge. Die Stühle werden später verkauft. So einen würde ich mir auch kaufen, sagt der Werklehrer zufrieden und rüttelt an Unos fertigem Stuhl, richtig stabil, der wird uns alle überleben. Oder, Yannis? Er hält den Stuhl an einem Bein hoch in die Luft.

Yannis und Susi sitzen nebeneinander an einer der langen Werkbänke und schauen zu. Etwas anderes bleibt ihnen nicht übrig. Yannis hat so schwache Handgelenke, dass er noch nicht einmal einen Becher halten kann. Susi ist so klein wie eine Dreijährige und liegt in einem Kasten, damit sie nicht zerbricht. Niemand darf sie anfassen. Deshalb legt Yannis seine Hand auf den Rand des Kastens statt auf Susis Arm. Weil der Kasten schräg hochgestellt ist, kann Susi alles sehen, Uno und seinen neuen Stuhl, den Werklehrer mit seiner leimverschmierten Schürze, Tony und Katrina, die sich an der Stichsäge schubsen, bis einer von ihnen nach draußen geschickt wird.

Vor allem sieht sie Yannis' Hand auf dem gepolsterten Rand ihres Kastens ruhen. Manchmal beugt sich Yannis zu ihr herüber und flüstert etwas. Dann nickt sie und schaut auf Yannis' Finger. Sie spricht wenig. Ihre Stimme ist so leise, dass man sich über ihren Mund beugen muss, um etwas zu verstehen.

In der Geschäftigkeit des Werkraums beachtet niemand die beiden. Sie haben nichts zu tun, aber sie stören auch niemanden. Wenn sie fehlen, weil Yannis zur Behandlung muss oder Susi wieder etwas gebrochen hat, fragen die anderen, wo ist denn das Liebespaar, Susi Schmusi, Yannis Kannis. Jemand macht Kussgeräusche, Uno macht sich steif und klein und winkt mit den Händen, als seien sie winzige Schmetterlingsflügel, Yannis, flötet er, mein Schatz, reich mir die Hand.

Aber wenn sie an ihrem Platz sitzen, Susi schräg gekippt, Yannis' Hand auf dem Rand ihres Kastens, sagt niemand etwas. Sie schauen gleichmütig auf das Hämmern und Leimen. Manchmal wispert Yannis etwas in den Kasten, und Susi nickt kaum merklich.

Dann baut Jo, dem noch nie etwas gelungen ist, ein Puppenbett. Es hat gedrechselte Füße, ein geschwungenes, altmodisches Kopfende und sogar einen Lattenrost und sieht kostbar aus. Jo streicht es kirschrot. Am Ende steht es mitten auf der Werkbank, auf dem Podest, auf dem die fertigen Stücke ausgestellt werden, und leuchtet. Alle Achtung, sagt der Werklehrer, wirklich charmant, Johannes, wer hätte das gedacht. Das können wir auf dem Adventsbasar verkaufen.

Die anderen drängen sich um das Podest und verharren einen Augenblick lang andächtig, bevor sie anfangen zu sticheln, Mama, wo sind deine Püppchen. Ich will nichts hören, mahnt der Werklehrer, ihr Neidhammel. Jo steht noch einen Moment still vor dem Bett, noch hält sich der Stolz in seinen Augen, aber schon duckt er sich zurück in die Gruppe, das ist für die Mädchen, fällt er ein, die können damit atta atta spielen, und er verzieht das Gesicht. Als der Werklehrer vorschlägt, jemand könnte eine Matratze und eine Decke für das Bett nähen, brandet ein verächtliches Grölen auf.

Nur Yannis und Susi sitzen schweigend auf ihren Plätzen. Susi wendet den Blick nicht von dem kirschroten Bett. Das hat er toll hingekriegt, flüstert sie Yannis zu, ich würde gern damit spielen. Ich bau dir eins, sagt Yannis leise. Angeber, kichert Susi. Doch, sagt Yannis, das kann ich. Wenn Jo das kann, kann ich es auch. Susi schaut auf seine schlaffen, warmen Finger und sagt, ich brauche es sowieso nicht. Wie soll ich denn damit spielen. Aber mit Matratze, sagt Yannis, sonst sieht es blöd aus. Ich habe ja gar keine Puppen mehr, sagt Susi, aber Yannis hört nicht zu.

Ich will auch so eins bauen, sagt er so laut, dass sich der Werklehrer überrascht zu ihm umdreht, genau so eins. Ich weiß nicht, Yannis, meint der Werklehrer, ich halte das für keine gute Idee, ich meine, ehrlich gesagt kommt das gar nicht in Frage. Dir fehlt einfach die Kraft. Das sind Sägearbeiten, verstehst du. Vielleicht leiht dir Johannes das Bett mal aus. Ich will aber nicht sein Bett, besteht Yannis, ich will selbst eins machen. Yannis, ruft Susi, lass doch, Yannis. Ich rede mal mit deinem Therapeuten, verspricht der Werklehrer.

Da sagt Yannis laut, wozu sitzen wir denn hier. Der Werklehrer macht besänftigende Handbewegungen, aber Yannis lässt sich nicht unterbrechen. Immer nur zugucken, ruft er, soll das witzig sein, oder was. Inzwischen haben sich die anderen alle zu Yannis und Susi umgedreht. Da könnt ihr uns ja gleich in den Flur stellen, schreit Yannis. Hör mal, versucht es der Werklehrer wieder, das liegt nicht an mir, von mir aus könntest du hier Baumstämme sägen. Ja dann lassen Sie mich doch, schreit Yannis. Schon öffnet sich die Tür zum Werkraum einen Spaltbreit, und ein Betreuer schaut hinein. Alles in Ordnung bei euch? Nein, brüllt Yannis, gar nichts ist in Ordnung. Er hat sich halb erhoben und stützt sich mit den schlaffen Händen auf der Tischplatte ab. Sein Gesicht ist tiefrot. Entgeistert starren ihn die anderen an.

Als er aufhört zu schreien, ertönt in die verlegene Stille hinein ein leises Fiepen. Zuerst weiß niemand, woher es kommt. Yannis merkt es als Erster. Er lässt sich zurücksinken, legt seine Hand auf die gewohnte Stelle und schaut in den Kasten. Nicht weinen, Susi, murmelt er, ich mache das schon.

Abends fährt Yannis hinüber zu Jo. Zu lange darf es nicht dauern, weil ihn sonst die Nachtwache abfängt. In Jos Zimmer ist es sehr warm. Johannes, sagt Yannis in die Dunkelheit hinein. Was willst du, Krüppel, schimpft Jo und macht das Nachtlicht an, warum kriechst du hier herum mitten in der Nacht. Ein Angebot, sagt Yannis und legt sich die Hand über die geblendeten Augen. Ein Jahr Taschengeld, in monatlichen Raten. Und du baust mir ein Bett.

Moment mal, sagt Jo und setzt sich auf, ich soll dir noch ein Bett bauen, oder wie. Yannis zieht zwei Geldscheine aus dem Schlafanzugärmel, genau so ein Bett. Kirschrot. Weißt du, was für eine Schweinearbeit das ist, fragt Jo, was willst du denn überhaupt damit. Weiß ich, flüstert Yannis, während draußen langsam die Nachtwache ihre Runde dreht. Du kannst das andere haben, sagt Jo, nimm einfach das andere, das ist doch schön. Yannis hört den Stolz in seiner Stimme aufblühen, den er sich am Morgen hat verbieten müssen.

Nein, flüstert er, es muss ein neues sein, verstehst du. Mann, die lassen mich doch nicht noch eins bauen, sagt Jo, was denkst du denn. Du musst es heimlich machen, drängt Yannis, nicht, wenn alle dabei sind. Als Projekt oder so. Was denn für ein Projekt, flucht Jo, aber er nimmt die Scheine, die ihm Yannis entgegenstreckt, und schiebt sie in den Kopfkissenbezug.

In der nächsten Woche fangen die anderen mit Beistelltischen an. Das Puppenbett ist vom Werkraum in die beleuchtete Vitrine neben der Aula gewandert, wo es bis zum Adventsbasar vor sich hin glänzt und Besuchern der Einrichtung vorgeführt wird. Wer daran vorbeikommt, schaut nicht hin. Niemand verliert mehr ein Wort darüber.

Yannis und Susi sitzen im Werkraum nebeneinander und schauen dem Messen und Sägen zu. Ab und zu bringt ihnen der Werklehrer, der sich vorgenommen hat, sie besser einzubeziehen, ein Stück Holz zum Fühlen oder erklärt ihnen, wie die Wasserwaage funktioniert. Jo beugt sich über seinen Beistelltisch wie alle anderen und schaut nicht zu ihnen herüber. Zu Anfang des Monats findet er in seinem Schulranzen einen Briefumschlag mit einem Geldschein.

Dann bekommt Susi eine Lungenentzündung. Niemand darf sie besuchen. Yannis schreibt ihr jede Woche einen Brief. Weil er nicht weiß, was er schreiben soll, schneidet er Artikel aus Fernsehzeitschriften aus und klebt sie auf buntes Papier. Das gibt er bei der Kranken-schwester ab, die ihm gerührt auf den Nacken klopft, ihr seid ja süß, ihr beiden. Ist das gefährlich, was sie hat, fragt Yannis. Mach dir mal keine Gedanken, Kerlchen, sagt die Krankenschwester, das kriegen wir schon wie-der hin.

Aber Yannis liegt nachts wach und macht sich Ge-danken. Er wartet. Schließlich fragt er Jo nach dem Frühstück, als die Betreuerin schon den Staubsauger anstellt, und wie weit bist du. Jo weicht zurück, also zaubern kann ich auch nicht. Wie weit bist du, drängt Yannis, wie lange dauert es noch. Ich muss es noch la-ckieren, erklärt Jo, und außerdem sieht es etwas anders aus als das erste, das ist eben so, ich bin ja keine Ma-schine. Der Staubsauger würgt an einem angebissenen Brötchen. Die Betreuerin schüttelt den Kopf und fasst das Brötchen mit zwei Fingern. Kirschrot, sagt Yannis scharf. Jo dreht sich schon zur Tür um, jetzt reg dich ab, mach keinen Stress. Nächste Woche, ruft ihm Yan-nis hinterher, spätestens. Jo klopft sich mit der flachen Hand gegen die Schläfe und macht eine Grimasse.

Aber am Wochenende, als Yannis von der Kranken-station kommt, wo er seinen Brief abgegeben und im Flur gewartet hat, ob die Tür vielleicht aufgeht und er einen Blick auf Susi werfen kann, winkt Jo ihn in sein Zimmer. Warum ist es bei dir immer so warm, fragt Yannis. Jo wehrt ab und zeigt auf ein unförmiges Gebilde, das sich unter seiner Bettdecke abzeichnet. Zwei Jahre Taschengeld mindestens, sagt er finster. Yannis zieht die Decke weg und starrt auf das Puppenbett. Es ist klobig und feuerrot. Von der unvermuteten Eleganz des ersten Stücks ist nichts geblieben. Yannis fährt näher ans Bett und öffnet den Mund, aber die Worte fehlen ihm.

Und, fragt Jo nervös. Als Yannis stumm bleibt, fängt er an zu erklären, also an das Kirschrot bin ich nicht rangekommen, ich weiß nicht, wo die das aufbewahren, und es ist etwas größer, ich dachte, das ist ganz gut, es passt mehr rein. Yannis schüttelt langsam den Kopf. Mann, du kriegt mehr für dein Geld, sei doch froh, schreit Jo auf einmal und rennt mit einem Tritt gegen den Rollstuhl aus dem Zimmer.

Blass vor Enttäuschung sitzt Yannis vor dem Bett, bis die Wochenendkraft hereinkommt und überrascht in der Tür stehen bleibt. Was ist denn das für ein Kindersarg, ruft sie. Yannis will sich das Bett auf den Schoß heben, aber seine Hände sind zu kraftlos. Wollt ihr da Kaninchen drin halten, kichert die Betreuerin, komm, ich helf dir, und sie trägt das Bett vor Yannis her in sein Zimmer und wuchtet es auf seinen Schreibtisch.

Nachts denkt Yannis an Susi, die vielleicht auch wachliegt und fiebert, er hat schon fast vergessen, wie sie aussieht, und rechnet immer wieder durch, was das Bett ihn kostet und was er Susi für das Geld hätte kaufen können, eine ganze CD-Sammlung, vielleicht sogar eine Anlage, eine teure Puppe mit echtem Haar. Aber Susi spielt ja nicht mehr mit Puppen. Er weiß nicht, womit sie überhaupt spielt. Oft spricht sie wie eine Erwachsene. Wir müssen uns gedulden, sagt sie zu Yannis, wenn sie im Werkraum warten, dass die Stunde vorübergeht. Dann weiß Yannis nicht, was er sagen soll. Manchmal liest ihr jemand etwas vor, oder sie steht in ihrem Kasten vor dem Fernseher. Sie mag Ratesendungen. Oft weiß sie die richtige Antwort.

Yannis richtet sich ein wenig auf und schaut zu der klobigen Silhouette auf seinem Schreibtisch hinüber. Das neue Bett ist so groß, dass Susi beinahe hineinpassen würde. Sie wird sich nicht darüber freuen.

Sie wird sich nicht darüber freuen, weil sie es nicht sehen wird. Sie wird am nächsten Morgen gestorben sein. Sie ist einfach zu klein.

4. Katrina

Ein Musical, verspricht die Musiklehrerin. Ein richtiges Musical, mit Scheinwerfern. Mit allem. Zu Weihnachten. Das können wir hinkriegen, wenn alle richtig mitmachen.

Eifriger Lärm bricht los. Bernie wird das Jesuskind,

brüllt Tony, der kann nichts anderes. Maria, knutsch mit mir, ruft jemand, lass mich dein Josef sein. Katrina hält sich einen Kugelschreiber vor den Mund und singt mit tiefer, kratziger Stimme. Uno trommelt mit beiden Händen auf die Tischplatte, bis die Musiklehrerin ihn an den Armen festhält. Beruhigt euch. So wird das nichts. Ich verteile die Rollen. Es wird einen Chor und eine Band geben. Wir werden dreimal die Woche proben. Das wird harte Arbeit, Freunde.

Keiner kann sich raushalten, schreit Katrina im Speisesaal, wir stecken alle drin, auch du, Max, und sie schmiert Max einen Löffel Kartoffelbrei in den Nacken. Als Max den Mund aufreißt, um zu schreien, stopft sie ihm eine Serviette zwischen die Zähne, das wird harte Arbeit, Freunde. Als der Betreuer sich zu ihr umdreht, hat sie sich schon wieder über ihr Essen gebeugt und malt mit dem Finger Muster in den Kartoffelbrei.

Aber abends, als die Rollläden schon das Blinken der Lichterketten aussperren und Bernies Nachtgeschrei allmählich verebbt, holt sie eine halb abgebrannte Kerze aus ihrer Schreibtischschublade und zündet sie auf der Fensterbank an. Sie schiebt die Finger ineinander und schließt die Augen. Diese Kerze ist für dich, sagt sie leise, wenn ich Maria werden kann. Dann zünde ich sie jeden Abend an. Entschuldige wegen Max. Amen. Schnell öffnet sie das Fenster, damit der Rauchalarm nicht losgeht. Als die Nachtwache später ihren Kopf ins

Zimmer steckt und schnüffelt, liegt Katrina ruhig mit dem Gesicht zur Wand.

Als die Musiklehrerin in der Aula die Rollen vergibt, ist es sehr still. Sie zählt die Chorsänger auf, dann die Hirten, die Könige und ihr Gefolge. Hannes ist Melchior und lächelt, obwohl ihm jemand von hinten feucht ins Ohr pustet. Es gibt Herbergsleute, Fußvolk und Engel, der Schulleiter selbst wird Kaiser Augustus sein. Katrina zieht die Ärmel über die Hände wie ein Muff und verschränkt die Finger. Bei Josef, sagt die Musiklehrerin und hebt den Blick, dachte ich an Max. Es ist ganz still. Max reißt die Augen auf. Du singst gut, sagt die Musiklehrerin. Jemand zischt, aber der ist doch ein lahmer Hund. Den muss man doch an die Krippe schieben. Du kannst es dir einen Tag lang überlegen, sagt die Musiklehrerin. Josef lieber Josef mein, grölt jemand von hinten. Wir können auch alles abblasen, sagt die Musiklehrerin müde, wenn ihr nicht ruhig seid.

Katrina bewegt den Kopf hin und her, der zwischen den verspannten Schulterblättern festklemmt, und schaut die Reihen entlang. Beine wippen, Finger zappeln, eine scharrt mit den Füßen, ein anderer schlägt rhythmisch mit dem Hinterkopf gegen die Nackenstütze. Ein Summen und Schnaufen liegt über der Gruppe, auch wenn niemand spricht. Wir können gar nicht ruhig sein, denkt Katrina, selbst wenn wir wollten. Lynn wird Maria sein, sagt da die Musiklehrerin.

Wenn sie zustimmt. Lynn, ein stilles dünnes Mädchen in der hinteren Reihe, richtet sich auf und hebt fassungslos die Hände. Katrina schließt kurz die Augen, ich bin zu krumm, denkt sie, sie können keine krumme Maria gebrauchen. Dann dreht sie sich schnell zu Lynn um und ruft, Maria am Stock, toll. Ein Lachen geht durch die Reihen. Die Musiklehrerin knallt die Liste heftig auf den Tisch, dreht sich um und verlässt die Aula.

Im Lehrerzimmer scharen sich die Kollegen um die Musiklehrerin und reden auf sie ein. Manche legen ihr die Hand auf die Schulter und versprechen Mithilfe, die meisten wollen das Musical sofort absagen. Du machst dich kaputt, sagt der Werklehrer, du reibst dich nur auf, und dann wird es sowieso nichts. An dieser Schule muss man realistisch denken, fallen andere ein, nicht nach den Sternen greifen, du fällst auf die Schnauze, und für die Kinder ist es einfach zu anspruchsvoll.

Dann fangen sie doch an zu proben. In den ersten Tagen finden Max und Lynn Kritzeleien in ihren Heften, Kaugummi an ihren Tischen und ein Kondom im Proberaum. Lynn beißt sich auf die dünne Unterlippe und schaut zu Max hinüber, der in sich zusammengesunken in seinem Rollstuhl sitzt und nicht wie Josef aussieht. Er schämt sich, sie schämen sich beide, aber sie wissen auch, dass sie die Hauptrollen in einem Musical haben und dass es dafür einen Preis zu zahlen gilt. Wenn der Preis entrichtet ist, werden sie auf der Bühne stehen und singen. Lynn fasst das Kondom mit spitzen Fingern und wirft es in den Papierkorb. Max schaut weg.

Der Chor hat seine Lieder schnell gelernt. Im Werkraum werden Kostüme genäht. Max und Lynn haben Einzelproben und fangen an, die Augen von den Noten zu heben. Wenn ihr auf eure Schuhe glotzt, könnt ihr gleich einpacken, ruft die Musiklehrerin. Ihr werdet ein Publikum haben, Leute, die euch hören wollen, versteht ihr. Lynn richtet sich auf, die Musiklehrerin will, dass sie im Stehen singt, aber mit dem Stock ist es schwer, sich gerade zu halten. Auch Max versucht, die runden Schultern nach hinten zu ziehen und mehr Platz für die Töne zu machen, eine hohe klare Stimme hat er, silbern, sagt die Musiklehrerin, und Max lächelt.

Katrina sitzt ungeduldig zwischen den E-Gitarren und dem Schlagzeug, an dem sich Uno so heftig austobt, dass ihm die Musiklehrerin schließlich die Stöcke wegnimmt, und zupft an ihrem Schellenkranz. Marias erster Song, ruft die Musiklehrerin, die Gitarren machen die Einleitung. Das ist doch kein Instrument, murmelt Katrina, Schellenkranz, das ist doch ein Witz. Der Betreuer neben ihr beugt sich herüber und zwinkert ihr zu, come on baby. Katrina reißt die Augen auf und stülpt die Lippen nach außen, ihre schönste Grimasse, mit der sie auf den Ausflügen immer die Passanten erschreckt.

Sie weiß, wie sie aussieht. Im Duschraum gibt es

einen Spiegel, in dem man sich von Kopf bis Fuß anschauen kann. Manchmal ermutigt die Betreuerin Katrina zu einer Gegenüberstellung. Du musst doch wissen, wie du aussiehst, sagt sie freundlich und schiebt Katrina vor den Spiegel, da gibt es nichts zu verstecken. Katrina wehrt sich und will sich unter ihrer Hand wegducken, aber die Betreuerin hält sie von hinten fest und legt ihr Gesicht auf Katrinas Schultern, so dass ihre Schläfen sich fast berühren. Siehst du, ich habe auch meine Schwachpunkte, sagt sie, fährt sich über den faltigen Hals und runzelt die Stirn.

Katrina riecht ihr Parfüm und etwas Scharfes. Sie hebt den Blick und sieht sich in der gut gemeinten Umklammerung, das trotzige Gesicht tief zwischen den Schulterblättern, die zu kurzen Arme, die ganze schiefe Gestalt. Sie reißt sich los, zieht ihre Grimasse und ruft, ich habe Besseres zu tun, als hier mit Ihnen Pickel zu zählen.

Vor der Offenen Disco, wenn sich alle in ihren Zimmern zurechtmachen, sitzt Katrina im Gruppenraum vor dem Fernseher und isst Schokolade. Nicht vor dem Abendessen, mahnt die Betreuerin im Vorübergehen, aber weil in allen Zimmern jemand auf ihre Hilfe bei der Verschönerung wartet, hat sie keine Zeit einzugreifen. Katrina wischt ihre verschmierten Hände am Pulli ab. Das gibt hässliche kotfarbene Schlieren.

So kannst du aber nicht ausgehen, sagt Helen und

streicht über ihren Rock, der extra bodenlang ist, damit man die Schienbeinstützen nicht sieht. Will ich ja auch gar nicht, schnappt Katrina und lässt ihren Blick über Helens schwankende Gestalt wandern. Und du glaubst wohl, du sähest ganz toll aus. Klar, sagt Helen trotzig, aber als Katrina hinter ihr herschaut, sieht sie an den eingezogenen Schultern, dass sie erfolgreich war.

Auf dem Parkplatz vor der Aula treffen die Minibusse mit den anderen ein. Weil in den Tagen vor der Disco die Angst umgeht, haben die Betreuer alle Hände voll zu tun. Das hat doch keinen Sinn, dass ihr euch versteckt, sagen sie, die anderen haben auch Angst, die können auch vieles nicht, die sehen nur so aus, als gehörte ihnen die Welt.

Und genauso sehen sie aus. Sie tragen lässige Hosen und locker geschnürte Turnschuhe, weite T-Shirts und hautenge Tops, alles ist frisch gewaschen und riecht nach gutem Waschpulver und Winterluft. Geschmeidig schlendern sie durch das Foyer, in Grüppchen, als kennten sie sich schon ewig, obwohl darauf geachtet wird, dass sich alles gut durchmischt. In der Aula lehnen sie an den Säulen und lagern auf den Stufen. Manche haben kleine Gummibälle dabei, die sie sich zuschleudern und dann in ihre Taschen zu den Zigarettenpackungen gleiten lassen. Rauchen ist natürlich strengstens verboten, es gibt Fanta, Orangensaft und Erdnussflips, so viel das Herz begehrt, um die Stimmung aufzulockern. Sie schaufeln sich Flips in den Mund, scharren mit den Turnschuhen und warten, dass die Musik losgeht, damit es nicht mehr so still ist. Sie sind hochgewachsen und anmutig. Wenn sie tanzen, muss man wegschauen, um nicht vor Neid die Fäuste zu ballen.

Die, die nicht tanzen, sitzen am Rand und schauen weg. Die Betreuer nehmen die Sache in Angriff und schieben die ersten Rollstühle auf die Tanzfläche. Die Tänzer weichen zurück und tanzen in einer Ecke für sich. Die Betreuer tanzen mit den Rollstühlen. Mit Krücken und Stöcken kann man gar nicht tanzen, aber auch nicht an Säulen lehnen und jemandem den Arm um die Schulter legen. Man hat einfach keine Hand frei. Die Betreuer reichen Orangensaft herum und knüpfen Gespräche an. Die Lichtorgel fängt an zu blinken. Einige Tänzer stehen am Rand und starren auf die schlingernden Rollstühle, die anderen stehen draußen und rauchen.

Katrina sitzt immer noch vor dem Fernseher, ohne etwas zu sehen, als Helen verquollen die Tür aufstößt und in einen Sessel sinkt. Na, hast du einen geilen Typen getroffen, murmelt Katrina. Helen starrt auf den Bildschirm. Ihre Nase läuft, ihre roten Lippen sehen zerfranst aus. Eine Weile starrt sie geradeaus, dann wuchtet sie sich hoch, schwankt zu Katrina hinüber, packt in ihr Haar und reißt daran mit aller Kraft. Du Biest, zischt sie, du biestiges Ekel, du musst immer alles kaputtmachen. Katrina fängt an zu schreien, aber da lässt Helen schon los und verschwindet im Gang.

Am Schellenkranz kann Katrina nicht viel kaputtmachen. Selbst wenn sie aus dem Rhythmus kommt, wird sie von Uno am Schlagzeug und von den E-Gitarren übertönt, die die Betreuer mit wachsendem Vergnügen zum Jaulen bringen, einer springt sogar auf, geht in die Knie und reckt den Gitarrenhals in die Luft, und die Musiklehrerin bittet mit nachsichtigem Lächeln um etwas mehr Zurückhaltung. Hast du gehört, Katrina, sagt er mit komischem Schulterzucken, wir sollen uns ein bisschen zurückhalten.

Aber Katrina lässt nicht mit sich anbändeln. Unversöhnlich und spöttisch hockt sie auf ihrem Platz und schwenkt lustlos den Schellenkranz.

Man probt jetzt dreimal die Woche. Der Chor übt synchrone Bewegungen. Aus den Brettern, die der Werklehrer auf die Bühne schleppt, wird eine Krippe gezimmert. Komm, Josef, ruft er Max zu, du bist doch Zimmermann, zeig, was du kannst. Kaiser Augustus lässt sich eigens für die Aufführung einen Bart stehen und einen weiten rot gefütterten Mantel nähen. Lynn traut sich ans Mikrofon und füllt die Aula mit ihrer klaren Stimme. Die Musiklehrerin steht zwischen den Säulen und schüttelt den Kopf vor Freude.

Katrina liest, während die Musik um sie herum zu wachsen beginnt, Hefte für Mädchen. Sie blättert sich durch die Schminktipps und die Flirtgeschichten bis zu den Leserbriefen. Liebe Kummerecke, ich weiß einfach nicht, woher ich den Mut nehmen soll, ihn zu küssen. Ich glaube, er mag mich, er sitzt immer ganz nah bei mir, aber er ist sehr schüchtern. Was soll ich tun? Liebe Mutlose, vielleicht solltest du den ersten Schritt tun. Lass dir Zeit, aber wenn der Augenblick gekommen ist, zögere nicht – sonst sitzt ihr den Rest eurer Tage bloß nebeneinander. Katrina würde das völlig genügen. Sie versucht, sich einen Kuss vorzustellen, aber wer soll der Küssende sein, wie sollen sich ihre Gesichter einander nähern, ihre Lippen treffen, wie soll das aussehen. Manche lieben sich, das hat sie einmal gelesen, gern vor großen Spiegeln.

Weihnachten ist das Fest der Liebe, sagt die Musiklehrerin in ihrer Ansprache vor der Generalprobe, und deswegen bin ich besonders froh, dass es fast alle von euch geschafft haben, über den eigenen Schatten zu springen und am selben Strick zu ziehen. Übermorgen ist ein großer Tag für uns alle. Ich bin stolz auf euch und auf unsere Musik.

Alle, die aufstehen können, stehen auf und klatschen. Dann proben sie bis zur Erschöpfung.

Am Tag der Aufführung hat Lynn Halsschmerzen und Max Durchfall. Die Musiklehrerin ringt die Hände. In den Werkstätten, die zu Umkleiden umgebaut sind, wird toupiert, geföhnt, geschminkt und geschmückt.

Hannes hat seine Goldkrone verloren, Uno einen Trommelschlägel. Im Foyer stehen die ersten Besucher und raunen sich Mut zu.

Jemand hat Katrina Goldbänder ins Haar geflochten. Sie hat sich einen Blick in den Spiegel erlaubt und sich auf einmal festlich erregt gefühlt. Von ihrem Platz aus schaut sie in die volle Aula und auf die flirrende Bühne.

Mit den ersten Klängen verschiebt sich etwas. Die Schulbühne wird zum Theater. Die gebeugten Könige gehen am Stock, weil sie ermüdet von der Reise sind. Maria ist hochschwanger und stützt sich auf Josefs Stuhl. Kaiser Augustus schwingt seinen rot leuchtenden Mantel und blickt herrisch über sein Königreich. Die Hirten stöhnen, scharren und brummen vor Freude über das Kind in der Krippe. Die Musiker greifen in die Saiten, und Katrina schaut hinüber zu Uno, der auf seinem Hocker vibriert, sie nimmt den Rhythmus auf, ein metallischer Glanz springt in die Musik, Zugabe, brüllt das Publikum, Zu-ga-be-Zu-ga-be.

Am nächsten Tag hat Katrina erhöhte Temperatur. Benommen sitzt sie beim Weihnachtsfrühstück. Kaum jemand spricht. Uno trommelt mit dem Eierlöffel auf die Tischplatte, bis ihm die Betreuerin einen müden Blick zuwirft, du kannst wohl nicht aufhören, was. Das werdet ihr nie vergessen, hat Kaiser Augustus ihnen nach der Aufführung zugerufen und die Faust in die Luft gereckt, als hätten sie einen Pokal gewonnen. Katrina geht in ihr Zimmer, sobald man sie lässt, zündet den Kerzenstummel an und holt ihren Schreibblock hervor. Liebe Kummerecke, schreibt sie. Woher soll ich wissen, wann der Augenblick gekommen ist.

5. Lili und Dani

Du wärest krank, sagt Lili wie jeden Morgen. Du hättest ein Bein gebrochen und müsstest ins Krankenhaus. Dani liegt blass und ernst auf dem Rücken und streckt das Bein steif in die Luft. Lili setzt sich das Stethoskop auf, hört Dani ab und nickt bedächtig. Das wird schon, sagt sie beruhigend, etwas Geduld müssen wir haben. Dani stemmt sich hoch, aber Lili drückt sie wieder zu Boden, was habe ich gesagt. Wie jeden Morgen holt sie eine Decke und ein Arsenal von Spritzen, hüllt Dani bis zur Nasenspitze ein und richtet die Instrumente für die Operation. Dani presst die Augen zusammen und faltet die Hände unter der Decke. Was machst du da, fragt Lili streng. Ich bete zu meinem Engel, sagt Dani. In Ordnung, sagt Lili.

Seit Anna in der Gruppe arbeitet, spielen Lili und Dani das Gleiche. Die Betreuerin wirft gelegentlich einen Blick in den Operationssaal und nickt der Ärztin aufmunternd zu. Manchmal müssen sie Wasser oder

Mullbinden bringen, wenn sich Danis Blutungen gar nicht stillen lassen. Ich weiß nicht, sagt Anna zur Betreuerin, ist das denn gut, immer dasselbe. Die Betreuerin beruhigt Anna, im Gegenteil, sagt sie, die Kinder brauchen das, aber als sie eines Morgens krank und Anna auf sich gestellt ist, kniet sich Anna neben die zugedeckte Dani und fragt, wollen wir denn nicht mal mit den Klötzen spielen. Dani öffnet die Augen nicht, schüttelt bloß stumm den Kopf. Oder vielleicht, sagt Anna fröhlich und krempelt sich die Ärmel hoch, mit den Holztieren. Wir könnten einen Bauernhof bauen. Du musst weggehen, sagt Lili und schiebt Anna zur Seite, Dani blutet, siehst du das denn nicht.

Draußen flimmern die Wiesen in neuem Grün. Anna weiß, dass die Luft nach Erde und schwacher Sonne riecht, aber die Fenster müssen geschlossen bleiben, sie hat vergessen, warum, irgendjemand könnte sich unterkühlen. Sie schaut nach draußen und fühlt sich umgeben von Krankheit. Ich impfe dich mal, hört sie Lili nebenan zu Dani sagen, es piekst ein bisschen. Tausch doch wenigstens mal, ruft Anna und geht zum Krankenlager, Dani kann ja auch mal die Ärztin sein, sie muss doch nicht immer da liegen und operiert werden, oder. Sie zieht Dani die Decke weg und nimmt Lili die Spritze aus der Hand. Was machst du, schreit Lili, gib die sofort wieder her. Die kriegt jetzt Dani, sagt Anna, und du kannst dich hinlegen, du bist krank. Lili sträubt sich, gar nicht bin ich krank, guck doch, und sie zeigt auf Danis Laufschienen, sie ist krank, sie kann nicht laufen. Und du, sagt Anna und klopft auf Lilis Schutzhelm, du bist auch nicht ganz gesund.

Auf einmal merkt sie, dass sie Fehler macht, die ihr niemals passieren dürfen. Lili und Dani starren sie an. Sie wird rot und zieht sich zurück, spielt ruhig, was ihr wollt, murmelt sie und setzt sich mit heißem Gesicht in die Leseecke, wo Till an einem Bilderbuch aus Pappe nagt. Sie zieht ihm das Buch weg, aber Till hört nicht auf zu kauen. Sein Unterkiefer mahlt langsam vor sich hin, während Anna das Kinn auf die Hände stützt und lauscht, ob Lili und Dani wieder zurück ins Spiel finden. Aber nebenan ist es sehr still.

Zwei Tage lang bleibt der Arztkoffer unberührt. Lili und Dani sitzen stumm neben Till in der Leseecke und blättern Bücher durch. Anna hilft an der Schaukel, beim Wickeln und am Basteltisch und traut sich keine Entschuldigung zu. Dann hat Lili einen Anfall und liegt in der Krankenstation, und als sie zurückkehrt, bekommt Dani eine Infektion. Als sie nach Wochen endlich wieder versammelt sind, bittet Anna um einen freien Vormittag, zieht sich ihre Laufschuhe an und rennt in das fette Grün hinein, das gleich hinter der Schule über die Zäune quillt und über die Wege wuchert. Sie läuft mit groben Schritten, greift weit aus, bis der Atem schmerzt, ein kräftiger, lebendiger Schmerz, den nur die Gesunden kennen, die, die rennen können, bis der Schweiß kommt.

Beim Laufen reißt sie ihre Finger auseinander und schlägt sich mit den Fersen in den Hintern, bis sie fast stolpert, auch das Stolpern ist ein Geschenk, wenn man sich wieder fangen und mit zwei Ausfallschritten den strauchelnden Körper ins Lot bringen kann.

Sie rennt am Schrottplatz vorbei, wo ein alter Mann in schlammigen Kleidern mit einem Stock im Müll herumstochert, er ist fast immer dort, und manchmal spricht sie mit ihm, er kennt sogar ihren Namen und nennt sie Fräulein Anna. Fräulein Anna, Sie bringen die Sonne mit, sagt er immer, auch wenn es nieselt, und sie plaudern ein bisschen. Heute läuft Anna zügig am Schrottplatz vorbei, aus den Augenwinkeln sieht sie, wie der alte Mann seinen Stock hebt, sicher ruft er sie, aber heute kann sie nicht anhalten, sie will in die Stadt laufen, sich etwas zum Anziehen kaufen oder Ohrringe, etwas Nutzloses, Teures, vielleicht einen Kaffee trinken, vielleicht jemanden sehen und gesehen werden.

Sie schafft es, ohne anzuhalten, bis in die Einkaufsmeile, und kauft sich gleich im ersten Kaufhaus ein grellgrünes T-Shirt, das verschwitzte Laufhemd lässt sie in der Plastiktüte verschwinden. Beim Bäcker holt sie sich eine Zimtschnecke und einen Orangensaft, lehnt sich erschöpft an ein Schaufenster, kaut und trinkt, sie gießt den Saft in ihren aufgerissenen Mund wie in einen Trichter.

Als sie am nächsten Tag die Tür aufmacht, heben sich alle Köpfe, als sei sie ein unerwarteter Gast. Sie hat sich die Haare hochgesteckt, damit man die neuen Ohrstecher besser sieht. Dein Hemd sieht aus wie eine Wiese, sagt jemand. Die Betreuerin kichert, na, Frühlingsgefühle. Klar, sagt Anna heftig, das wurde ja auch mal Zeit. Hier ist es viel zu heiß, mach mal das Fenster auf. Anna, mahnt die Betreuerin, hast du vergessen, daß Naomi anfällig für Lungenentzündungen ist. Anna schaut hinüber zu Naomi, die dünn und spitznasig mit den Armen wedelt. Ach so, sagt sie, entschuldige. Hab ich vergessen.

Sie dreht sich um, als sei sie lange nicht dagewesen.

Aus dem Nebenraum hört sie die geschäftigen Stimmen von Lili und Dani. Also, du wärest krank, sagt Lili, du hättest dir einen Arm gebrochen. Doktor, ich habe mir einen Arm gebrochen, wimmert Dani. Da brauchen wir, seufzt Lili zufrieden, da brauchen wir auf jeden Fall etwas Geduld.

Georg

1. Viel Dunkel und ein Hell

Am zwölften August neunzehnhundertfünfundsechzig wurde Georg geboren. Seine Mutter lag in einer Abstellkammer des Antonius-Krankenhauses, weil die Kreißsäle belegt waren, und wartete darauf, dass jemand sie holen käme. Sie wartete die ganze Nacht, übergab sich zweimal in einen Putzeimer und kroch schließlich, als die Wehen zu heftig wurden, auf allen vieren in den Flur hinaus. Dort fand sie die Putzfrau, die Scheuermilch und Seifenlauge holen wollte, um die Spuren der nächtlichen Geburten zu tilgen, zusammengekrümmt auf dem Linoleumboden. Gemeinsam mit der Nachtschwester Doris, die sich gerade umziehen wollte und nur unwillig den weißen Kittel wieder überwarf, hievte sie Birgit H. auf eine Liege und schob sie in den Kreißsaal.

Inzwischen war genug Platz, und Birgit H. hätte sich schon längst in einem frisch bezogenen Krankenbett ausstrecken können, aber die Wehen waren so stark, dass es ihr gleichgültig war, und außerdem hatten der Stationsarzt Dr. Monat und alle diensthabenden Nachtschwestern sie völlig vergessen. Die Nachtschwester Doris hatte es aus ehrenhaften Gründen eilig, zurück ins Schwesternzimmer zu kommen, ihre kranke Mutter lag allein zu Hause und wartete auf Doris und das Ende der Nacht. Ich sag Bescheid, sagte Doris und knöpfte sich schon im Davongehen den Kittel wieder auf.

Die Putzfrau, die selbst vier Kinder zur Welt gebracht hatte, fühlte sich für Birgit H. verantwortlich. Sie setzte sich an den Bettrand, obwohl sie während der Geburten im Kreißsaal nicht zugelassen war, hielt Birgit H.s Hand und murmelte, du armes Dierke. Birgit H. stöhnte dumpf und gleichmäßig, quetschte die fremden Finger und schwitzte ihr Nachthemd durch. Als sie anfing, heftig zu schnaufen und sich auf der schmalen Liege hin und her zu werfen, schaute sich die Putzfrau kurz nach dem Stationsarzt um und stellte befriedigt fest, dass er außer Hörweite war.

Komm, wir machen das, du armes Dierke, sagte sie, jetzt drück mal kräftig, und als die Morgenschwester Frieda auf ihrer ersten Runde durch die Kreißsäle ging, traf sie Birgit H. mit einem Kissen im Rücken in einer

Blutlache an, den Kopf an die Schulter der Putzfrau gelehnt, im Arm ein winziges Kind mit einem auberginenfarbenen Kopf.

Als der Vater, Rudi H., das Kind zum ersten Mal durch die Glasscheibe der Säuglingsstation sah, wunderte er sich über die Verfärbung. Er wunderte sich so, dass er vergaß, sich das Gesicht des Kindes anzuschauen. Er sah den weiß umhüllten kleinen Körper, der sich im Arm der Morgenschwester langsam krümmte, er sah den Kopf mit dem Mützchen und unter dem Stoff den violett geschwollenen Kopf und dachte, ob es sich wehgetan hat, und schon war die Morgenschwester mit einem abschließenden Kopfnicken hinter einer Tür verschwunden. Rudi H., der kaum geschlafen und nicht gefrühstückt hatte, spürte eine Furcht in sich hochsteigen und klopfte gegen die Glasscheibe, erst vorsichtig, dann mit geballter Faust, aber die Türen hinter der Scheibe blieben verschlossen, und der Flur war leer. Rudi H. sah auf seine geröteten Fäuste und beschloss, vor der Arbeit einen Kaffee zu trinken und in der Mittagspause das Gesicht des Kindes zu sehen.

Während er am Bahnhofskiosk vier Zuckerstücke in seinen Kaffee rührte, um seine Nerven zu stärken und die Geburt seines Kindes mit dem violetten Kopf zu feiern, das noch keinen Namen hatte, lag Birgit H. in ihrem frisch bezogenen Krankenbett und weinte. Sie hatte an einem Brötchen mit Marmelade geknabbert und eine Vitamintablette geschluckt, und auch sie konnte sich nicht an das Gesicht des Kindes erinnern, nur an die kräftige Hand der Putzfrau. Dr. Monat hatte sie genäht, obwohl nichts gerissen war.

Das machen wir so, hatte er zu ihr gesagt, damit sich nichts entzündet.

Birgit H. fühlte sich wund und leer. Sie putzte sich die Nase und setzte sich auf, um jemanden nach ihrem Kind zu fragen, und merkte, wie ihr leerer Bauch Falten schlug.

Sie müssen liegen bleiben und zu Kräften kommen, hatte Schwester Frieda ihr eingeschärft, immer wieder hatte sie es gesagt, und wirklich, ein Schwindel ergriff Birgit H. und drückte sie zurück in die Kissen.

Neben ihr, nur durch einen Plastikvorhang von ihr getrennt, lag eine andere Frau, die pausenlos und kaum hörbar vor sich hin wimmerte, Friedrich, Friedrich, nur als Birgit H. irgendwann hinüberrief, brauchen Sie Hilfe, verstummte das Wimmern kurz, um dann nach einigen Minuten, als Birgit H. gerade in einen unruhigen Schlaf geraten war, wieder anzuheben. Immerhin schenkte der Schlaf ihr den Namen für das Kind, sie schreckte hoch, schaute sich erschrocken um, weil sie geträumt hatte, sie sei mit Rudi auf einem Segelboot namens George in der Adria, die Sonne brenne unerbittlich, und die Wellen machten sie seekrank. Georg, sagte sie leise, und der Name gefiel ihr, sie konnte ja nicht wissen, ob er zu dem Kind passte, sie wusste nicht mehr, wie es aussah – aber es war ein Junge, das hatte ihr die Putzfrau versichert, bravo bravo, hatte sie gerufen, ein Jungchen, und hatte ihr das schlaffe Kind in den Arm gelegt – sie war gar nicht sicher, ob es lebte, aber wenn es tot wäre, hätte man ihr sicher Bescheid gesagt.

Während der Putzfrau zu Hause freudig zumute war – sie erinnerte sich an das zusammengepresste Gesicht der Frau, die weißen Lippen, an das leise Quieken des neuen Kindes und an seine schmierige Haut, die sie als Erste berührt hatte – und sie sich zur Feier des Tages, nachdem sie die Betten der Kinder gemacht und sich die Haare gerichtet hatte, einen besonders starken Kaffee aufbrühte; und während die Nachtschwester Doris am Bett ihrer Mutter saß, die Gardinen hatte sie aufgezogen und das Fenster aufgerissen, um den säuerlichen Dunst zu vertreiben, und ihr Kaffee mit viel Milch in einer rosa Schnabeltasse reichte; und während der Stationsarzt Dr. Monat sich im Arztzimmer die Schläfen massierte und an seine Verlobte dachte, die niemals Kinder wollte, aber nach der Trauung unbedingt eine Kreuzfahrt in südlichen Meeren; während Rudi H.

im Großraumbüro der Stadtsparkasse Darlehensanträge bearbeitete, zwischendurch auf die Porzellanschweine schaute, mit denen jemand am Weltspartag die Theke geschmückt hatte, und versuchte, den säuerlichen Kaffeegeschmack im Mund und den violetten Kopf des Kindes zu vergessen; während der kaffeegetränkte Morgen langsam verstrich, lag Georg, der seinen Namen noch nicht kannte, mit einem Plastikband um das Handgelenk, auf dem sein Nachname stand, in einem Gitterbett auf der Säuglingsstation, hatte die Augen fest geschlossen und hörte um sich herum: die quietschenden Gummisohlen der Schwestern, das Sirren der Deckenlampen, den Wind am Fenster, das Atmen, Winseln, Husten und Schlucken der anderen und ein Rauschen, das sein eigener Atem war.

2. Mit Nelken

Wenn Rudi H. zur Besuchszeit mit Nelken vom Bahnhof auf die Wochenstation kam, hatte Birgit H. sich schon gekämmt und mit einem Kissen im Rücken aufgesetzt. Schwester Doris oder Schwester Frieda oder eine der vielen anderen, deren Namen sich Birgit H. nicht merken konnte – und sie gab sich keine Mühe, denn man hatte sie in ihrer schweren Stunde im Abstellraum vergessen, warum sollte sie also irgendwelche Namen lernen –, Rudi H. aber schon, denn er war geübt im Namenlernen, schließlich musste er seine Kunden auch mit Namen anreden, eine der Schwestern also brachte Georg und legte ihn Birgit H. in die Arme. Rudi H. stand rasch noch einmal auf und besorgte eine Vase für die Blumen und ein stilles Mineralwasser für seine Frau, es dauerte, bis er alles beisammen hatte, und schon war die Besuchszeit auf ein halbes Stündchen geschrumpft.

Er hat das violette Ding nicht mehr, sagte Rudi.

Er schläft, sagte Birgit, und sie beugten sich beide über Georgs Gesicht. Aber Georg schlief nicht. Unter den Lidern bewegte er langsam die Augen und horchte. Er sah ein gedämpftes Violett, das sich vermischte mit dem Klimpern des Mineralwassers im Glas, dem lauten Raunen der Stimmen, dem Wind am Fenster, dem Brodeln seines Bluts und dem Druck der Armbeuge, auf der sein Kopf lag.

Ich weiß nicht, das mit dem Namen, sagte Rudi.

Willst du ihn mal nehmen, fragte Birgit.

Nein nein, er schläft doch, sagte Rudi schnell, ich habe ja noch ein Leben lang Zeit, ihn zu nehmen, und er lachte vorsichtig.

Ohne das violette Ding sieht er hübsch aus, sagte Birgit, und dann kamen ihr plötzlich die Tränen, und sie versuchte, sich mit einer Hand die Nase zu putzen, ohne Georg zu wecken. Die Tränen fielen auf seine Finger, die aus den weiß gehäkelten Ärmeln herausschauten, und er spürte das weiche Kitzeln.

Na komm, sagte Rudi, und weil er hoffte, es könnte sie trösten, sagte er, es wird Zeit, dass du nach Hause kommst, ich kann keine Spiegeleier mehr sehen, und Birgit weinte noch mehr und begann zu zittern. Schwester Doris, die zitternde Frauen nicht gut aushalten konnte, weil ihre Mutter immer zitterte, wenn sie nach der Nachtschicht zu spät nach Hause kam, brachte Beruhigungstabletten und holte Georg zur Fütterung, denn es war vier Uhr, Zeit für die Nachmittagsflasche, wenn er nur die Augen aufmachen würde, der kleine Faulpelz, auf Wiedersehen, Herr H., bis Morgen, Schatz.

Abends, wenn das Graubrot und die Leberwurst abgeräumt waren und draußen die Amseln auf den Antennen sangen, wartete Birgit H., obwohl sie wusste, dass es ganz und gar unsinnig war, auf jemanden zu warten, der ihr gute Nacht wünschte, die Putzfrau vielleicht, aber die hatte sie nie wieder gesehen, die war für den Kreißsaal eingeteilt und kam nicht zu den Wöchnerinnen. Dann versuchte sie aufzustehen, Rudi hatte ihre Pantoffeln mitgebracht, sie könnte auf den Balkon, wo die Schwestern rauchten, und die Sommerluft einatmen, und vielleicht sähe sie ja sogar Georg. Sie ging langsam hinaus auf den Flur. Vor jedem Zimmer waren die Blumenvasen in ordentlichen Reihen aufgebaut, ein süßer Geruch lag in der Luft, von dem Birgit H. gleich schwindlig wurde. Sie lehnte sich an die Wand, und schon eilte eine der Schwestern, deren Namen sie sich nicht merken wollte, herbei und griff sie fest an der Schulter, hat man Ihnen nicht gesagt, dass Sie liegen sollen, Ihr Kreislauf ist im Keller.

Ich wollte mir nur ein Wasser holen, flüsterte Birgit H. und ließ sich zurück zu ihrem Bett führen. Die Schwester deckte sie zu und schaute missbilligend auf die zwei ungeöffneten Sprudelflaschen auf Frau H.s Nachttisch.

Nachts öffnete Georg die Augen. Er sah viel Dunkel und ein Hell. Er bewegte die Zunge im Mund.

3. Kopf an den Stäben

Als Georg nach Hause kam, war alles gerichtet. Das Gitterbett in seinem Zimmer war mit hellblauem Stoff ausgekleidet, damit er sich nicht den Kopf an den Stäben stieß, und direkt über ihm hing ein Halbmond aus Frottee, den man aufziehen konnte: La le lu nur der Mann im Mond schaut zu.

Er sieht winzig aus, sagte Birgit H., als sie ihn zum ersten Mal hineingelegt hatte.

Ach das wächst sich aus, meinte Rudi H. und beugte sich über Georg, der sich am Kopfende langsam kringelte, so, das hätten wir. Er nahm Birgit H. am Ellbogen und führte sie ins Wohnzimmer, du mußt dich ausruhen.

Ich weiß nicht, sagte Birgit H., die anfing, sich zu langweilen, schon im Krankenhaus war ihr die Zeit lang geworden, wovon denn. Sie hatte kaum Besuch gehabt, Rudi natürlich jeden Tag, einmal die Nachbarin, die selbst nie Kinder gehabt hatte, einmal Rudis Mutter, die einen riesigen Metallkran für Georg mitbrachte und ihn, sobald die Schwester ihn gebracht hatte, kräftig rüttelte, komm, du kleine Schlafmütze, lass dich mal anschauen, Jungchen.

Wenn Georg nachts aufwachte, glitt Birgit H. leise aus dem Bett und machte ihm sein Fläschchen. Auch Georg wimmerte. In der ersten Nacht, als Birgit H. noch nicht wusste, was auf sie zukam, und mit offenen Augen und hochgezogenen Schultern neben Rudi lag, hörte sie es zuerst gar nicht, sie hatte sich auf Geschrei eingestellt, Geschrei war ein klarer Fall, Hunger oder Bauchweh, das hatte sie gelesen. Aber dieses hohe Winseln, das verhalten aus dem dunklen Kinderzimmer klang, das hätte auch eine liebeskranke Katze sein können oder ein Nachtvogel, bis es dann etwas lauter wurde, aber nicht dringlicher. Birgit H. ging trotzdem hin, sie hatte schon das Milchpulver gerichtet, es war ihr erster Einsatz, und sie wollte ihn nicht verpassen. Georg lag bewegungslos, genau so, wie sie ihn hingelegt hatte, die Hände zu Fäusten geschlossen neben dem Gesicht, schaute nach oben und wimmerte. Sie beugte sich über ihn und versuchte, ihm in die Augen zu schauen, die sonst immer geschlossen waren, aber sie konnte seinen Blick nicht einfangen. Er sah viel Dunkel, er sah den dunklen Halbmond von unten, der sich langsam in der Nachtluft drehte, er sah den Hunger und hörte den Hunger in seinem Bauch. Er bewegte die Füße und stieß gegen die Naht des Schlafsacks. Er spürte, wie Luft über seine Zunge strömte.

In den ersten Wochen ging Birgit H. nicht nach draußen. Stattdessen schritt sie langsam in der Wohnung auf und ab, während Georg schlief, blieb am Regal stehen, schaute auf die lackierte Kante des Holzbretts und vergaß zu blinzeln. Die Rücken der Bücher pressten sich gerade aneinander, es gab keine Lücken, nur etwas Staub, den Birgit H. mit dem Zeigefinger entfernte. Im Badezimmer saß sie auf dem Rand der Badewanne und verfolgte die Rillen zwischen den Fliesen mit den Augen. Die Fliesen waren rosa und so sauber, dass Birgit H. ihren Umriss darin schimmern sah. Sie bewegte sich leicht vor und zurück und sah im rosa Glanz ihren Kopf und ihre Schultern. Wenn

Georg seufzte, stand sie langsam auf und vermied den Spiegel.

Geh doch zum Friseur, sagte Rudi H., das wird dir guttun, und er legte einen Geldschein auf die Anrichte. Birgit H. nickte und steckte das Geld hinter die Ansichtskarten und die Schlüssel, das Haar hing ihr zottelig in die Augen, und hinten stieß es an den Kragen der Bluse und rollte sich nach außen, man müsste etwas unternehmen, schließlich muss man auf sich achten, sagte Rudi und ließ sich die Haare stoppelkurz rasieren. Er sah aus wie ein Junge, die Stoppeln sträubten sich über seiner ungefurchten Stirn, und die Backen wurden immer runder, Birgit H. kochte nahrhaft. Das muss man dir lassen, sagte Rudi H. und zwinkerte ihr zu, aber sie beugte nur den Kopf über den Teller und schob das Fleisch hin und her, und die Haare waren viel zu lang und hingen vor ihrem Gesicht wie ein dünner Vorhang. Rudi H. sah, dass sie zu wenig aß und zu wenig lachte, aber was sollte er machen, schließlich war sie erwachsen und konnte selbst für sich sorgen, aber dass Georg so dünn wie ein Spargel blieb, wollte ihm nicht in den Kopf.

Gibst du ihm denn genug.

Als Rudi H. einmal früher nach Hause kam, was selten vorkam, weil es viele Gründe gab, um länger an seinem Schreibtisch zu bleiben als die anderen, fand er Birgit H. vor dem Spiegel, während Georg im Kinderzimmer leise quiekte. Als sie ihm am Nachmittag die

Flasche gegeben hatte und auf sein fest um das Gummi geschlossenes Mündchen schaute, hatte sich plötzlich etwas in ihren Brüsten prickelnd gedehnt, war schmerzhaft durch die Adern geströmt, bis sie sich aufgepumpt fühlte, die Haut spannte gegen den Büstenhalter, unvermutet und ungehörig brachen gelbliche Tropfen aus den Brustwarzen, perlten aus den rosa Poren und breiteten sich als nasse Flecken auf Birgit H.s Bluse aus. Sie riß die Bluse hoch und presste eines von Rudis gebügelten Taschentüchern gegen die sickernde Milch, aber es hörte nicht auf. Schnell legte sie Georg zur Seite und lief, die Hände wie Schalen unter den Brüsten, ins Bad, wo sie sich auszog. Hilflos tastete sie an ihren heißen Brüsten herum, wie sollte sie das abstellen, das hörte nicht mehr auf, die Tropfen sahen auf dem Hellblau des Waschbeckens aus wie verschüttete Kaffeesahne. Sie rieb die Brüste mit einem kalten Waschlappen ab, dann hob sie den Blick und starrte auf ihr Spiegelbild. Die Unterhosen hingen ihr um die Füße, der feuchte Büstenhalter kräuselte sich an den Hüften, der Bauch wölbte sich über dem Saum der Unterhose, sie beugte sich vor und studierte ihr Gesicht, die neuen feinen Falten, die um die Mundwinkel herum von einer neuen Zeitrechnung kündeten, die fahle Haut um die Augen herum. Georgs Wimmern wurde drängender. Sie wölbte die Nasenflügel und blies die Backen auf, bis die Falten verschwanden.

Plötzlich spürte sie Rudi H.s Blick und fuhr herum. Er wendete sich rasch ab, ich sag doch, murmelte er, ein Friseurtermin wirkt Wunder, und die Nägel kannst du dir auch gleich machen lassen, und er beugte sich über seine Schnürsenkel. Sie sah, dass er bis hinunter zum Hals errötet war.

Wenn Georg lange schlief, beschlich Birgit H. ein ungutes Gefühl. Sie hockte sich vor das Gitterbett, presste die Stirn an die Stäbe und starrte auf seinen winzigen Brustkorb, der sich schnell hob und senkte. Wie ein Vogel, dachte sie, größer ist er nicht, größer wird er gar nicht. Im Schlaf spitzte er die Lippen, die Augäpfel wanderten unter den Lidern, die niemals ganz geschlossen waren, auf und ab. Durch den Spalt sah sie seine Augen glitzern, das klare Blau, das sie fast erschrecken ließ, wenn er sie direkt anschaute, so leuchtend und ernst war es, aber meistens schaute er ja niemanden an, dafür ist er noch zu klein, sagte Birgit H. zu Rudi H., das kann er noch gar nicht können, das kommt schon noch. Sie blieb vor dem Bettchen sitzen, bis ihre Knie schmerzten, und studierte sein Gesicht, das so klein war wie ein Apfel, kleiner noch, den Flaum auf den Rändern der Ohren, die Finger, die sich immer wieder rührten und durch die Luft schweiften, als gäben sie jemandem unentwegt Zeichen, was soll das nur bedeuten, dachte Birgit H., das kann niemand verstehen.

Warum zuckt er denn dauernd mit den Händen, fragte Rudi H. nervös, das ist doch komisch, er hat doch die Augen zu.

Du zuckst auch, wenn du schläfst, sagte Birgit H.

Na und, sagte Rudi H., ist was dabei.

Wenn Birgit H. das Gesicht von den Gitterstäben löste, hatten sie in ihrer Stirn zwei rote Dellen hinterlassen, und das war kein Wunder, denn Birgit H. hatte fast eine Stunde im Bademantel vor dem Bett gekniet, am helllichten Vormittag.

Die anderen Mütter, die Birgit H. auf dem Spielplatz kennenlernte, berichteten von ersten Gluckslauten und innigen Blicken beim Trinken, als ob er sich bei mir bedanken wollte, sagte Thomas' Mutter, die immer als Erste auf der Bank neben dem Sandkasten saß, obwohl Thomas noch jünger war als Georg und noch lange nicht im Sandkasten würde spielen können, aber das war ihr egal und den anderen Müttern auch, schließlich mussten die Babys an die frische Luft, und die Luft auf dem Spielplatz war frisch, die Bäume warfen angenehmen Schatten, es war ein Ort, an den man sich gewöhnen konnte. Die Mütter saßen auf den Bänken und ruckelten die Kinderwagen hin und her und schauten etwas ratlos auf die Bäume und die Hundeverbotsschilder, und dann fingen sie an zu reden, um sich die Zeit zu vertreiben. Auch Birgit H. redete, aber ihr fiel nicht sehr viel ein, ihre Arme und Beine waren schwer von der Müdigkeit. Wenn Thomas' Mutter erzählte, Thomas habe seine kleine Hand um ihren Zeigefinger geschlossen und mit den Lippen rührende Schmatzlaute veranstaltet, weil es ihm sicher gut geschmeckt habe, nickte Birgit H. und versuchte, begeistert auszusehen. Georg schmatzte auch, aber nur sehr leise, und wenn die anderen Mütter in seinen Wagen schauten und sich wunderten, wie leise er sei, so unkompliziert, aber doch sehr leise, die ersten Laute seien doch das Allerschönste, dann nickte Birgit H. bloß und rückte an den Rand der Bank.

Eines Vormittags – es war der Morgen, an dem die Nachtschwester Doris ihre Mutter anschrie, weil sie ihren Kaffee aus dem halb geöffneten Mund auf die Bettdecke rinnen ließ, Herrgott kannst du nicht einmal aufpassen, und als die Mutter sie fassungslos anschaute und anfing zu zittern, holte sie sofort in tiefer Reue den Lappen und hielt der Mutter die Hand, bis sie aufhörte mit dem Zittern, und es war auch der Morgen, an dem der Stationsarzt Dr. Monat zwei Frauen so fahrig nähte, dass sie noch Jahre später die Narben spürten –, an diesem Vormittag schrie auch Birgit H. Georg an.

Georg lag wie immer in seinem Gitterbett und schaute nach oben, mit stillen, weit geöffneten Augen, und Birgit H. hatte wie immer schon den Kinderwagen nach unten getragen und die Salzkartoffeln für das Mittagessen aufgestellt und stand nun über ihm, Georg mein Vögelchen, sagte sie, und als er noch nicht einmal den Kopf drehte, das müsste er längst können, Thomas drehte schon seit drei Wochen den Kopf, da schrie sie plötzlich, schau mich an, verdammt noch mal, was glaubst du eigentlich, wer ich bin, und dann riss sie den Halbmond herunter und drängte ihr Gesicht in Georgs Blickfeld und schrie, na los, schau mich an. Georg begann zu wimmern, wie es seine Art war, aber Birgit H. bereute nichts. Sie ging ins Wohnzimmer, holte ihre Zigaretten aus der Schublade und rauchte, so schnell sie konnte, zwei Zigaretten bis auf den Filter herunter. Den Rauch blies sie in die frisch gewaschenen Vorhänge. Dann wusch sie sich das Gesicht mit kaltem Wasser und ging wieder zu Georg. Sie nahm ihn hoch, stellte sich mit ihm ans Fenster und sagte leise, das wird nicht wieder vorkommen. Sie schaute auf die Müllabfuhr und roch an Georgs Nacken. Er roch nach nichts.

Seit dem Schrei hatte Birgit H. es leichter mit Georg. Sie gewöhnte sich an seine stille Art und an den Gedanken, dass Georg anders als Thomas war und auch anders als Tanja, die sich schon mit vier Monaten an den Fingern ihrer Mutter ins Sitzen hochzog, wir üben das jeden Tag, sagte die Mutter, und anders als die kleine Carina mit den vielen Haaren. Viele Haare hatte Georg auch, aber doch eher fransige, zerzauste. Sein Gesicht blieb schmal und spitz, es kann ja nicht jeder so einen kleinen Brummer haben, sagte Tanjas Mutter und kniff Tanja stolz in ihre Speckröllchen an den Handgelenken. Während Tanja, Carina und Thomas Brötchen lutschten und bald schon in Laufgeschirren die ersten Schritte taten, lag Georg auf dem Rücken und schaute nach oben. Birgit H. schaute auch nach oben in die Zweige, oder sie rauchte unter den missbilligenden Blicken der anderen Mütter eine Zigarette, die Angewohnheit hatte sie seit dem Schrei beibehalten und blies den Rauch hoch in die Luft, damit Georg den Schwaden hinterherschauen konnte.

Rudi H. dagegen konnte mit Georg nicht warmwerden, wie er es nannte. Ich weiß nicht, sagte er, so ein kleiner stummer Fisch, und wenn er ihn auf den Arm nahm, machte Georg sich steif und schmiegte noch nicht einmal seinen Kopf an die weiche Stelle zwischen Kinn und Schulter, und Rudi H. legte das steife Kind enttäuscht zurück, so wird das nichts, junger Mann.

Du musst ihm Zeit lassen, sagte Birgit H., du bist so selten da, er kennt dich eben nicht gut.

Wieso selten da, einer muss ja wohl für die Butter auf dem Brot sorgen, sagte Rudi H. gekränkt, er wollte einen kleinen weichen Sohn, der ihn am Kinn zupfte, ihm in die Nase biss und vielleicht auch Papa sagte, es musste ja nicht gleich sein und auch nicht übermorgen, aber irgendwann wollte man doch Erfolge sehen. Er wollte ein guter Papa sein, er wollte kicken, Modelleisenbahn spielen und Modellflugzeuge kleben, alles nach Feierabend, der Junge dürfte sogar länger aufbleiben, er war ja gar nicht so, aber eine Chance musste man ihm schon geben.

Georg sieht über sich ein Muster aus Braun und Grün, sanftes Grün und Braun, Braun und Grün, dazwischen viel Helles, Braun und Grün. Die Mutter spricht leise, die Luft fließt um ihn und in seine Nase, er riecht die Luft, er riecht das Grün und die grüne Luft.

4. Nicht unmöglich

Obwohl sie es seit dem Schrei leichter mit Georg hatte, wachte Birgit H. morgens mit einem Gefühl der Unruhe auf, das ihren Magen zusammendrückte. Sie konnte nicht viel essen, nur winzige Bissen Brötchen mit Marmelade, die sie mit Kaffee aufweichte und mit der Zunge hin und her bewegte. Der süßliche Brei in ihrem Mund lenkte ihren Blick auf die Gläser mit Babybrei, die sie auf der Anrichte aufgereiht hatte, jeden Tag drei Breimahlzeiten, drei knackende Schraubverschlüsse, dreimal ratterndes Glas im Wasserbad, drei

Gerüche nach gesüßtem Milchreis und weichem Gemüse, dreimal langsames Schmatzen, wenn der Plastiklöffel in das Mus vordrang, dreimal Georgs ernster Gleichmut, geschlossene Lippen.

Es war ja nicht unmöglich, ihn lachen zu sehen, der Mensch unterscheidet sich vom Tier durch das Lachen, hatte Birgit H. einmal gelesen, sie las selten und nun schon gar nicht mehr, wenn sie ins Bett kam, die letzten Windeln aus der Wäsche, die Nachtflasche gerichtet, dann senkte sich ihr Körper so tief in die Matratze, dass sie den Kopf nicht mehr heben konnte. Auch die Hände und die Füße konnte sie nicht mehr bewegen, und wenn Rudi H. sich über den Spalt zwischen den Matratzen schob und sich an sie drängte, lag sie regungslos in schmerzhafter Müdigkeit, hielt ganz still, während er sich eine Weile an ihrem Rücken rieb, bis er endlich mit der Hand zwischen ihren Brüsten einschlief. Nun durfte sie sich in den Schlaf rollen, um nach genau vier Stunden aufzutauchen und in einem leichten Dämmern zu verharren, bis Georgs Wimmern sie hochschrecken ließ. Sofort war sie ganz wach.

Rudi H. regte sich nicht. Manchmal hörte er das Zirpen, Birgit H.s Handgriffe in der Küche und ein beharrliches Schmatzen, sie sprach nicht mit Georg, während sie ihn fütterte, sie sprach auch tagsüber wenig mit ihm, aber das schien ihn nicht zu stören, und sie störte es auch nicht. Ein einvernehmliches Schweigen herrschte in Rudi H.s Familie, das ihm unerklärlich blieb, er hatte sich Gelächter und Gebrabbel vorgestellt, dieses jauchzende Lachen, das fast wie Schluchzen klang, das wollte er hören. Wenn er nach Hause kam, stellte er den Aktenkoffer an der Garderobe ab und ging gleich zu Georg, zumindest in den ersten Wochen, stellte sich neben das Bettchen und piekste Georg mit dem Zeigefinger in den Bauch.

Na du kleiner Mops. Dabei war Georg so dünn wie ein Spatz.

Ich kann ihn ja nennen, wie ich will, dachte Rudi H., kleines Kerlchen, verbesserte er, der Papa ist da. Die Worte waren ihm fremd und hörten sich fremd an, er hatte nicht die richtige Stimme für dieses Gewisper, aber er ließ sich nicht abhalten, mehrere Wochen lang versuchte er es immer wieder, während Birgit H. in der Küche oder an der Waschmaschine hantierte. Wenn sie dazukam, hörte er sofort auf, aber einmal trat sie ins Zimmer, da kniete Rudi H. vor dem Bettchen, das Gesicht an die Stäbe gepresst, schnurrte und wisperte, und dann sagte er leise, du kleiner Hosenscheißer, guck mich wenigstens an.

Hör mal, rief Birgit H., was sagst du denn da, er ist erst fünf Wochen alt, er sieht dich noch nicht mal.

Und ob er mich sehen würde, er guckt bloß nicht,

sagte Rudi H., und eine weinerliche Wut stieg in ihm hoch, die er auf keinen Fall preisgeben durfte, deswegen sprang er auf und stieß gegen den Frotteemond, auf seiner Stirn waren rötliche Abdrücke von den Stäben. Einer muss ja mit ihm reden.

Fass ihn doch an, sagte Birgit H., Babys mögen das. Und außerdem, ich rede ja mit ihm.

Du, du, Georg und du, ihr seid mir ein schönes Paar, brüllte Rudi H., und endlich drehte Georg den Kopf und sah zu ihnen herüber.

5. Die Einladung

Das habe ja lange gedauert, sagte Tanjas Mutter, man kenne sich ja nun doch schon eine Weile, zumindest vom Sehen. Da könne man doch einmal aufeinander zugehen. Nicht dass man irgendetwas zu erwarten hätte, aber trotzdem. Die anderen Mütter murmelten zustimmend.

Nicht dass sie hinterrücks, sagte Tanjas Mutter, aber trotzdem.

Man darf doch mal sein Herz ausschütten, beschwichtigte Karinas Mutter. Also wie war es denn.

Manche glauben, sie können allein durch die Welt segeln, rief Tanjas Mutter, die Nase so weit oben, und sie kniff die Augen zu und hob die Nase in die Luft, um zu zeigen, wie weit.

Aber sie hat Sie doch eingeladen, sagte Karinas Mutter und legte erwartungsvoll den Kopf schräg, zu guter Letzt.

Einladung, Einladung, rief Tanjas Mutter, es gibt solche und solche. Ich dachte, ich tue ihr einen Gefallen. Sie sitzt doch hier immer so allein, und dieses merkwürdige Kind dazu. Da muss man sich doch mal kümmern. Also habe ich mich neulich neben sie gesetzt und habe sie gefragt, ob ihr Kleiner schon läuft und was sein erstes Wörtchen war und zu welchem Kinderarzt sie geht und was ihr Mann beruflich macht. Sie hat nicht viel gesagt. Tanja würde zu gerne mal mit Georg spielen, habe ich gesagt, nicht wahr, Tanja mein Schatz.

Tanja sah nicht hoch. Sie nahm ein Sandkorn auf den Zeigefinger und hielt ihn sich vor die Augen.

Lass das, Schatz, das ist ba.

Und dann hat sie Sie eingeladen.

Dann haben wir gesagt, wir kommen am Donnerstag vorbei, und als sie am Donnerstag die Tür aufmacht, hat sie nasse Haare, und die Wohnung stinkt nach Rauch. Kaltem Rauch. Ach ja, sagt sie, als könnte sie sich kaum erinnern, wir müssen uns praktisch an ihr vorbeidrängeln. Mitten im Zimmer, alles gut in Schuss, das muss man ihr lassen, aber dieser Gestank, wie eine

Kneipe, also mitten im Zimmer saß dieser Georg stocksteif auf einer Decke. Meine Tanja gleich hin, so ist sie eben, eine kleine Draufgängerin, gleich hin zu Georg, hallohallo, das kann sie ja schon lange sagen. Georg sitzt da wie Pieksieben, macht den Mund nicht auf, und ich sage Ihnen, der Apfel fällt nicht weit vom Stamm. Frau H. setzt sich auf eine Stuhlkante, kein Kaffee, nichts, ich konnte ja auch nicht fragen, ich kann ja schlecht einen Kaffee bestellen, ich meine, man bietet doch von sich aus etwas an, oder.

Tanja zupfte an ihrem Wolljäckchen, bis die Knöpfe aufsprangen.

Nicht, Schatz, das ist zu kalt, komm mal aus dem Dreck. Wenn Sie mich fragen, diese Frau ist krank, so muss man es wohl nennen.

Warum, fragte Karinas Mutter erschrocken.

Wenn da jemand säße, auf der Stuhlkante, im kalten Rauch, und vor sich hinstarre, und wenn das Kind auch dasäße, mit unnatürlich geradem Rücken, ganz schmal und blass, und kein Mensch auch nur einen Ton sage, ob das etwa normal sei. Das könne nicht normal sein, sie habe ihr Bestes getan, um die Runde ein wenig aufzulockern, sie habe von Tanja erzählt, von ihren Fortschritten, von dem Spielzeug, das sie vom Osterhasen bekommen habe, bei den H.s habe es übrigens fast überhaupt kein Spielzeug gegeben, ein paar Bauklötze, eine Puppe, die sich Tanja sofort geschnappt habe, man merke eben doch, dass Mädchen ihre Interessen hätten. Ob Georg nicht auch gern mit Autos spiele, habe sie Frau H. gefragt, aber die habe nur abwesend mit den Schultern gezuckt.

Tanja hat die Puppe an sich gedrückt, ganz fest, sie wollte sie lieb haben. Auf einmal springt Frau H. auf, die ganze Zeit nicht vom Fleck, aber jetzt, auf einmal, reißt Tanja die Puppe aus den Armen, Tanja brüllt los, das kann man ja verstehen, und drückt sie dem kleinen Käsegesicht in die Hand, aber der will sie ja gar nicht, verstehen Sie, der spielt ja gar nicht, der sitzt nur da und glotzt.

Und dann.

Dann sind wir gegangen, sagte Tanjas Mutter.

6. Bezaubernd

Ein bezauberndes Kleid, sagte Rudi H. an einem lauen Herbstmorgen zum Fräulein Ü., das wie immer an ihrem Schreibtisch ihm schräg gegenüber saß und im Zehnfingersystem eine schwierige tabellarische Statistik tippte. Die Nacht war wie immer unruhig gewesen, Georgs Schreien hatte ihn geweckt und Birgit H. aus dem Bett geholt, und dann war sie immer wieder aufgestanden, obwohl aus dem Kinderzimmer nichts mehr zu hören war, eine Blasenschwäche vielleicht, Rudi H. wusste es nicht und wollte auch nicht nachfragen, weil er vermutlich keine Antwort bekommen hätte, Frauendinge behielt sie eben für sich und das meiste andere auch, es war schwierig, und an diesem Morgen sah Fräulein Ü., das er unter gewöhnlichen Umständen noch nicht einmal zu bemerken pflegte, besonders frisch gewaschen aus, und ihr Kleid war sehr blumig mit frühlingshaften Puffärmeln. Fräulein Ü., für das Komplimente von Rudi H. und auch von anderen Männern nach den unschönen Ereignissen vor einigen Jahren rar gesät waren, legte erfreut den Kopf schräg und schaute zu Rudi H. herüber.

Vor einigen Jahren hatte sie kurz vor der Verlobung gestanden, sogar einen schönen schweren Goldring hatte ihr Schatz Harry F. ihr überreicht, nur um sich dann mir nichts dir nichts buchstäblich in Luft aufzulösen, sogar eine ausgiebige Recherche ihres Vaters hatte zu nichts geführt.

Sie hatten im Wirtshaus Zum Goldenen Anker einen lauschigen Abend verbracht, in dessen Verlauf Harry F. allerdings ein Glas Bier nach dem anderen trank oder vielmehr soff, so dass sein Atem selbst über den Tisch hinweg unangenehm dampfte. Obwohl sie sich sonst immer gut unterhielten und viele gemeinsame Gesprächsthemen hatten, wusste Harry F. diesmal wenig zu sagen. Stattdessen starrte er sie fortwährend an und versuchte, seine Hand auf ihren Oberschenkel zu legen, was sie entschlossen abwehrte. Nach fortgesetzten Ermahnungen ihrerseits forderte sie ihn auf, sie nach Hause zu fahren. Als sie das Gasthaus verließen, er leicht schwankend, sie aufrecht und verärgert, drängte er sie direkt neben der Treppe an die Hauswand, deren roher Putz sich unangenehm in ihre Ellbogen drückte, riss an ihrer Bluse, bis die drei oberen Knöpfe absprangen, und packte mit beiden Händen ihre Brüste. Sie war so überrumpelt, dass ihr nichts einfiel, um ihn zu bremsen, er hätte sowieso nichts gehört, denn inzwischen schnaufte er heftig und presste sich an sie, dass ihr fast die Luft ausging.

Harry, flüsterte sie schließlich, fahr mich sofort nach Hause, aber seine Augen waren halb geschlossen, und der Schweiß perlte ihm aus den Haaren, er dachte nicht daran, auf sie zu hören. Schließlich schrie sie und stieß ihn mit aller Kraft von sich, und er wandte sich, immer noch schnaufend wie ein Wildschwein, von ihr ab, sprang in seinen Wagen und fuhr sehr schnell davon. Als sie später zu Fuß bei ihren Eltern ankam, mit zerknitterten Kleidern und Blasen an den Füßen, konnte sie immer noch nicht glauben, was passiert war, und wäre bereit gewesen, kein Wort darüber zu verlieren, aber ihre Eltern bestanden auf einem genauen Bericht, und während die Mutter ihr ein Fußbad einließ, tobte der Vater, des Sittenstrolchs werde man schon habhaft werden. Den Ring zog sie ab und hoffte doch einige Tage noch, Harry F. kehre reumütig zu ihr zurück, mit einem großen Blumenstrauß natürlich und einer triftigen Erklärung für die Eltern, dann hätte sie ihn wieder anstecken können. Aber Harry F. zerschlug sich, den Ring nahm irgendwann der Vater an sich, der ihn beim Juwelier schätzen lassen wollte, und seitdem war Fräulein Ü., so wie die Mutter es ihr auch riet, mit Männern vorsichtig.

Allerdings, sagte die Mutter auch, galt es die richtige Balance zu wahren, schließlich wurde sie nicht jünger, und wie sollte man an einen Mann kommen, ohne ihn vorher kennenzulernen. Das eben, sagte die Mutter, sei die hohe Kunst, die jede Frau beherrschen müsste.

Fräulein Ü. beherrschte sie nicht sehr gut und war nun auch schon dreiundzwanzig, und natürlich kam auch Herr H. in keiner Weise infrage, verheiratet, Familienvater und ihr vorgesetzt, so etwas lohnte sich nicht. Aber der Morgen war beinahe sommerlich milde, die Fensterfront der Sparkasse frisch geputzt, viel Sonnenlicht strömte in das Großraumbüro, und die Blicke des Herrn H. taten ihr gut. Es war sicherlich auch ratsam, mit den Männern nicht ganz aus der Übung zu kommen. Inzwischen war sie gereift, hatte sich eingelesen und war, dessen war sie sich sicher, nicht mehr leicht aus der Fassung zu bringen.

Als Fräulein Ü. an Herrn H.s Schreibtisch vorüberging, um neues Schreibpapier aus dem Keller zu holen, sah er sich kurz um, aber alle Kollegen waren anderweitig beschäftigt, und folgte ihr dann mit den Blicken. Ihre Brüste spannten den Stoff über den hochgeschlossenen Knöpfen. Ihr Gang, das blumige Wippen, der schräg gelegte Kopf, das alles war ganz sicher eine Einladung an ihn, und obwohl Rudi H. an die Treue glaubte, glaubte er ebenso, er habe eine Abwechslung verdient, eine Belohnung für die vielen Nächte ohne alles, was einem Mann eben zusteht, schließlich hingen andere in seinem Alter auf Wiesen und in Wohnwagen herum und vögelten, mit wem sie wollten, freie Liebe nannte sich das, und bloß weil er sich rechtzeitig für eine vernünftige Laufbahn und eine Familie entschieden hatte, hieß das ja nicht, dass er nicht auch ein Recht auf ein wenig Liebe hatte. Und so stand er nach einer Weile auf und folgte ihr die Wendeltreppe hinunter in den Materialkeller.

Als er hinunterkam, fand er sie an den hinteren Regalen, wo das Briefpapier lagerte. Sie drehte sich nach ihm um und sagte, ach Herr H., aber es klang nicht überrascht, denn schließlich hatte sie ihn eingeladen und auch beschlossen, diesmal die Sache selbst in die Hand zu nehmen. Sie sind bezaubernd, stieß Rudi H. hervor, um eine Überleitung zu finden, aber er hätte nichts sagen müssen, denn sie öffnete schon die Knöpfe ihres Kleides, als er den Mund aufmachte. Er gab der schweren Kellertür einen Stoß mit dem Fuß, während sie das Kleid faltete und sorgfältig in das Regal neben eine Packung Briefpapier legte. Natürlich könnte es auch sein, dass ein anderer Kollege hinunterkäme, Papier geht schnell aus, neue Stempelkissen und Kugelschreiber gab es hier unten auch, und man würde ihnen, so viel stand fest, sofort kündigen, wenn man sie hier so fände, Fräulein Ü. in Hüfthalter und einem riesigen fleischfarbenen Büstenhalter, über dessen Schalen ihre Brüste hinwegquollen, ihm entgegen, dachte Rudi, aber die Gefahr erhöhte seine Gier noch. Zwar erschrak sie ein wenig, als er etwas zittrig seine Manschettenknöpfe entfernte und die Hose aufknöpfte, denn was ihr da groß und dunkelrot entgegenragte, konnte wohl kaum in sie hineinpassen. Aber sie dehnte sich trotzdem mit einer verruchten, großartigen Bewegung, die ihr, obwohl sie sich ja selbst nicht sah, gut gefiel, nach hinten über zwei Kisten, damit für Herrn H. alles gut erreichbar war. Er drängte sich gleich in sie hinein, und sofort zerriss etwas in ihr, und obwohl sie informiert war, dass es anders nicht ging, hielt sie kurz die Luft an. Dann aber war ihr das Schieben und Stoßen, das Rudi H. in ihr veranstaltete, noch nicht einmal gänzlich unangenehm. Und als er schließlich mit einem lauten Prusten, das sie sofort, aber nicht allzu schmerzlich an Harry erinnerte, auf ihr still lag, griff sie ihm sogar freundlich ins Haar und bedankte sich. Schnell wanden sie sich auseinander und zogen sich an, Fräulein Ü. richtete sich die Haare, Rudi H. wischte sich verstohlen ab, aber bevor sie nach oben gingen, nickten sie sich zu und spürten beide eine verschwörerische Genugtuung, die sie nicht zum letzten Mal erlebt haben wollten.

An seinem Schreibtisch konnte sich Rudi H. heimliche Blicke hinüber zu Fräulein Ü. kaum verkneifen, er wollte sehen, wie sie das Ganze verkraftete, es war ihr aber nichts anzumerken, sie saß aufrecht wie immer und schien von keiner Unruhe geplagt. Sie hatte ja auch keinen Grund dazu, fiel Rudi H. plötzlich ein, sie war jung und ledig, sie durfte tun, was sie wollte, sie durfte sich auch mit zotteligen Nichtstuern auf irgendwelchen Waldwiesen wälzen, nicht dass er ihr das zutraute, sonst hätte er sich ja auch nicht für sie interessiert. Aber eigentlich, das musste er zugeben, interessierte er sich nicht für Fräulein Ü. – im Traum hätte er nicht gewusst, worüber sie sich hätten unterhalten können, eigentlich kannte er noch nicht einmal den Klang ihrer Stimme, auch im Keller war sie merkwürdig stumm gewesen, nicht einmal ihres Vornamens war er sich sicher, Karin wahrscheinlich oder Kirsten –, sondern für ihre festen, milchfreien Brüste und das feuchte Loch, das er benutzen durfte, ohne um Erlaubnis zu fragen, weil sie es auch wollte, so anders als Birgit, und schon wieder wurde ihm ganz kribbelig, er starrte zu ihr hinüber, um zu sehen, ob es ihr genauso ging, während gleichzeitig eine Unruhe in seinem Magen hin und her fuhrwerkte, der Gedanke an Birgit, an zu Hause, an alles, was er getan hatte und wieder tun würde und nicht tun durfte.

Abends hatte er Durchfall, der ihn auch die ganze Nacht in Atem hielt, so dass Birgit H. und Rudi H. in dieser Nacht umeinander kreisten, mit Milchflasche und Wärmflasche schläfrige Runden zwischen Küche, Badezimmer und Kinderzimmer drehten, untermalt von Georgs leisem beharrlichem Greinen.

Birgit H. bemerkte weder Rudi H.s gierige Unruhe, die ihn wochenlang zu früher Morgenstunde ins Büro trieb, damit er noch vor Fräulein Ü.s Ankunft Dinge erledigen und Unterlagen abarbeiten konnte, denn sobald sie eintraf, verwandelte sich das Büro in ein Labyrinth von Möglichkeiten.

Ihre Treffen wurden täglich riskanter, aber zugleich war die Furcht ein kraftvolles Betäubungsmittel, das alle anderen Bedenken außer Kraft setzte. Weder Fräulein Ü. noch Rudi H. dachten daran, dass sich in Fräulein Ü.s weißem, etwas speckigem Bäuchlein ein neues Kind zusammenrotten könnte, und auch nicht daran, dass Haare oder Kleenextücher in Rudi H.s Jacketttaschen sie verraten könnten, und wirklich räumte Birgit H. einige dieser feuchten Klumpen aus Rudi H.s Anzügen, ohne sich etwas dabei zu denken, während Georg schlief und sich durch verschwommene Farben hindurch träumte, pelzige grüne Flächen, purpurrote Landschaften aus Gesichtern und Stimmen, fest eingerahmt von den Stäben seines Gitterbetts.

Ich weiß nicht, sagte Birgit H.s Mutter, die die weite Reise von Braunschweig nur selten antrat und nur wenn es sich lohnte. Um den neuen Enkel zu begutachten, lohnte es sich durchaus, zumal guter Rat hier wohl bitter nötig war. Das Kerlchen: spindeldürr, kaum Haare, stumm wie ein Fisch, mit einem Jahr durfte man anderes erwarten. Laufen konnte er, aber nur schwankend.

Die Tochter: auch spindeldürr, Haare vernachlässigt, schlechte Haut vom Rauchen, einer unsäglichen Angewohnheit, die sie der Tochter, die ja immerhin am Lyzeum ein ordentliches Abitur absolviert hatte, niemals zugetraut hätte, einem einfachen Mädchen vielleicht, aber nicht ihr.

Der Schwiegersohn: nicht spindeldürr, wenigstens schien sie anständig zu kochen, aber unaufmerksam und fahrig, vielleicht wegen des Schlafmangels, den ihm seine Frau unbedingt ersparen sollte, schließlich musste er morgens pünktlich zur Arbeit.

Sie war kurz nach der Geburt da, als Birgit H. gerade wieder zu Hause war, schenkte ihr einen Armvoll Fuchsien und einen Rinderbraten, den sie nur noch im Ofen wärmen musste, das war doch etwas, und beugte sich über Georg, winzig und gekrümmt in seinem Gitterbett. Er lag so still, so weich, da nahm sie ihn heraus, schlaff hing er in ihren mächtigen Armen und rührte sich nicht, den Kopf ein wenig nach hinten überstreckt, ein Vögelchen.

Ich weiß nicht, hatte sie schon damals gesagt und sagte es auch diesmal wieder, das konnte viel bedeuten, eine ratlose Rührung, ein Befund, eine Note, ein Unentschieden, ihr Mann wäre leichter hineingefallen in die neue Bedeutung, er hätte einen guten Großvater abgegeben, er war füllig und brummig, wie es sich gehört, schon als Birgit klein war, hatte er sich großväterlich ausladend gegeben, hatte seinen Lieblingssessel, seine Mittagsruhe verteidigt oder eher genossen, denn niemand machte ihm etwas streitig, und im Bein hatte er einen Granatsplitter von der Ostfront, was ihm jederzeit Ruhe und Zuspruch sicherte, Birgit hatte nicht spielen können mit dem Vater und nicht herumtollen, so war es damals, und das sollte Rudi H., der nach der Arbeit, wenn er sich doch eigentlich ausruhen sollte, vor dem einjährigen stummen Georg auf dem Boden herumrutschte, Plastikklötze aufeinandersetzte und dabei laut die Farben der Klötze nannte, ruhig auch beherzigen, dann wäre er nicht so unausgeglichen. Außerdem hätte, wenn es nach ihr ginge, das Abendbrot schon vor Rudis Heimkehr auf dem Tisch stehen können, das gäbe ihm das Gefühl, das so wichtig für einen Mann ist, nämlich dass für ihn gesorgt würde, schließlich sorgte er den ganzen Tag für Frau und Kind.

Wieso, sagte Birgit H., ich sorge für das Kind. Er geht arbeiten.

Eben, sagte die Mutter, nun auch Großmutter mit der neuen Strenge, die die wachsende Familie in ihr wachrief, er geht arbeiten, und du glaubst doch nicht, dass er es zu seinem Vergnügen tut.

Birgit H. sagte nichts, überhaupt war sie noch stiller geworden als früher und auch weinerlicher, sie stand manchmal, wenn Georg endlich schlief, bewegungslos am Fenster und schaute durch die Spalte zwischen den Vorhängen in den Sommerabend hinaus.

In dieser Wohnung war es still, und das war ja auch nicht das Schlechteste, sofern man sichergehen konnte, dass der Kleine irgendwann den Mund aufmachen würde. Birgit H.s Mutter schlug die Anschaffung eines Fernsehers vor, und Rudi war gleich ganz angetan, das war nicht zu übersehen, er rückte auf die Stuhlkante vor und nickte heftig und rief, das habe er auch schon vorgeschlagen, man müsse mit der Zeit gehen und wolle ja auch informiert bleiben, und wenn man schon die Möglichkeit hätte, solle man sich doch die Welt ins Haus holen. Birgit H. schüttelte nur den Kopf, das sture Ding, statt sich zu freuen, wenn man ihr Gutes tun wollte.

7. Auf beiden Beinen

Als Georg sich am Beistelltisch hochzog, glitt die Welt an ihm herab. Er sah auf die Tischkante herunter, und sehr weit unten standen seine Füße nebeneinander in roten Socken. Er geriet ins Schwanken, seine Hände glitten an der glatten Kunststoffoberfläche ab, und er sackte zurück auf den Boden, während Rudi H. im Materialkeller Fräulein Ü.s weiße Brüste aus ihren Körben holte, die immer noch mächtiger zu werden schienen und in ihrer unglaublichen Weichheit beinahe an Mozzarella erinnerten. Rudi H. warf sich in ungeplanter Heftigkeit über Fräulein Ü., und auch Fräulein Ü., die inzwischen den Grad ihrer Gefährdung begriffen hatte, weil sie seit fünf Tagen auf ihre Blutung wartete, bäumte sich ihm entgegen, beide stöhnten, was sie sonst nicht zu tun pflegten, weil sie Angst vor Lärm hatten und sowieso das Stöhnen nicht zu ihren Äußerungsformen zählte, aber nun stöhnten sie, sie stöhnten ihre Vornamen, inzwischen wusste Rudi H., dass das Fräulein Ü. Stefanie hieß, sie stöhnten also Rudi und Stefanie, und Rudi stöhnte sogar mit einer rauen, wilden Stimme, die ihm gar nicht wie die seine erschien, na komm, du, und Stefanie stöhnte immer nur ja, und sie dachten beide an kaum etwas anderes und waren, noch mehr als sie jemals zu hoffen gewagt hätten, völlig aufgelöst.

Der Filialleiter kam erst, als sie sich schon wieder anzogen. Er eilte die Treppe hinab, um Papier und Kohlepapier zu holen, warum seine Sekretärin das nicht für ihn erledigte, war ihm schleierhaft, und ebenso schleierhaft war ihm, was sich da unten abspielte. Fräulein Ü. zog sich gerade die Schuhe an, während Herr H. sich die Krawatte band, es dauerte einen Moment, bis der Filialleiter seine Gedanken geordnet und eine Erklärung für den Vorgang gefunden hatte – eine Verzögerung, die sich nur dadurch erklärt, dass er Papier und Kohlepapier im Sinn gehabt hatte und nichts anderes, denn im Grunde war ihm die Sachlage nicht gänzlich unvertraut, denn auch er hatte im Materialkeller ähnliche Erfahrungen machen dürfen oder vielmehr müssen, die allerdings schon eine Weile zurücklagen.

Was geht hier vor, sagte er mit der gebotenen Strenge.

Ja, sagte Rudi H., wir hatten noch etwas zu klären.

Der Filialleiter fand diesen Satz, den er H. eigentlich nicht zugetraut hätte, nicht unelegant, es war keine Lüge und keine Entschuldigung, und im Grunde hatte H. völlig recht, bei jeder Vögelei versuchte man etwas zu klären: ob man etwas konnte, was man nicht durfte, und ob es süß schmeckte oder vergiftet. Im Falle dieser beiden, dachte der Filialleiter, würde man meinen, eher süß. Fräulein Ü. wischte sich die Haarsträhnchen aus dem erhitzten Gesicht, ihm war noch gar nicht aufgefallen, dass sie eine gewisse Verlockung darstellen könnte, und er spürte einen sanften Neid auf H., den er sich sofort wieder verbot: Er hatte das alles auch schon gehabt, es hatte das Leben einige Zeit süß und prall gemacht, und dann war seine Frau von Eindhoven mit ihrem Mann verzogen nach Norddeutschland, und er musste, anders kann man es nicht nennen, sich nach ihr sehnen, während er neben seiner eigenen Frau im Bett lag. Manchmal spielte er, er hielte Frau von Eindhoven in seinen Armen, während er bei seiner Frau lag, in einem richtigen Bett und nicht im Materialkeller, allen Liebespaaren gönnte er seitdem ein richtiges Bett, auf dem man sich gescheit übereinanderwerfen kann, und nicht halb im Stehen, ungeschickt abgestützt am Papierregal, mit zittrigen Beinen, überhaupt im Stehen, das taugte gar nichts, aber es war eben doch seine Frau und nicht Frau von Eindhoven, er musste aufpassen, dass sich die Hälse und Brüste und Bauchfalten nicht allzu sehr ineinanderschoben, sonst könnte er sie nachher nicht mehr trennen und wüsste nicht, mit wem er eigentlich frühstückte. Ein Sehnsuchtsfaden blieb, der sich manchmal hineinwob in die Tage und die Nächte, die Arbeitsstunden und die Ausfahrten im neuen Auto und das Kaffeetrinken, und dieser Faden band ihm nun die Hände und stimmte ihn wohlwollend und ein wenig erinnerungsselig und ließ ihn milde fragen, und Sie, Fräulein Ü., ist alles in Ordnung.

Fräulein Ü. sagte gar nichts, ihr Gesicht war starr, und ihr Mund stand ein wenig offen, als habe sie etwas Furchtbares gesehen, dabei war er es doch nur, und er zog sich gleich wieder zurück, schon gut, die Herrschaften, wenn Sie dann die Pause beenden würden, und er ging rückwärts die Treppe wieder hoch und gratulierte sich zu seinem Taktgefühl und seiner Großzügigkeit, und zugleich schnürte ihm der Sehnsuchtsfaden ein wenig die Kehle zu, aber nicht zu sehr, und er musste schlucken.

Rudi H. und Fräulein Ü. war gleichermaßen klar, dass der Materialkeller ihnen von nun an verboten war. Sie konnten hinabgehen, aber nur einzeln und nur, um Papier oder Kohlepapier oder Briefumschläge zu holen, und nur unter dem wachen, aber nicht unfreundlichen Blick des Filialleiters. Dies war eine veränderte Sachlage. Sie konnten nun entweder ihre Finger bei sich behalten, oder sie mussten sich regelrecht verabreden. Zum Ehebruch verabreden, dachte Rudi H. Bisher war es etwas anderes gewesen, eine Episode, ein Vorfall im Materialkeller, wie er sich eben ergeben kann im Leben. Aber eine Verabredung, womöglich im Hotel, und in welchem, man kannte ihn hier, die Stadt war klein, also in einer anderen Stadt, was würde das kosten, wie würde man es erklären können, wie würde Fräulein Ü., und zum ersten Mal dachte er über Fräulein Ü.s Lebensumstände nach, wie würde sie das erklären können, sie würden sich strafbar machen. Allein der Gedanke an Strafe erregte Rudi so außerordentlich, dass er sich unter dem Schreibtisch unauffällig an die Hose fasste, aber im Großraumbüro war alles Weitere undenkbar, er würde sich Fräulein Ü. aus dem Kopf schlagen müssen, er würde sich Birgit wieder angewöhnen müssen, ihren mageren Körper, ihre Haare, die seit einigen Monaten nach Rauch rochen, er wollte ihr ja treu bleiben, aber nun war auch noch die Schwiegermutter da, und ein Fernseher stand kurz vor der Anschaffung, er sprang auf und ging zu Fräulein Ü. hinüber.

Ich würde Sie gern zum Essen einladen, stieß er hervor, rein dienstlich, morgen Abend. Sie nickte und errötete, es war kein sanftes mädchenhaftes Erröten, sondern ein blutrotes saftiges Glühen bis in den Ausschnitt hinunter, ihre Augenbrauen sahen sehr blond aus in dem roten Gesicht, und es war ausgemacht.

Er erklärte Birgit die Sachlage, ein Geschäftsessen, höchst ungewöhnlich und unwahrscheinlich, mit wem sollte er denn Geschäfte machen abends um acht in der kleinen Stadt, aber sie fragte nicht einmal nach, sie war mit sich beschäftigt oder womit auch immer, jedenfalls nicht mit ihm, dachte Rudi und erfand trotzige Rechtfertigungen: Wenn ihr nichts auffiel, dann war es ja auch egal. Wenn sie noch nicht einmal nachfragte, würde es ihr auch an nichts fehlen. Sie konnte sich mit ihrer Mutter vor den Fernseher setzen, drei Programme, und Georg schlief nebenan, so schlecht war das nicht, und so schlecht war es auch wirklich nicht. Die Mutter hatte aus der neu eröffneten Feinschmeckerabteilung des Kaufhauses kernlose Trauben mitgebracht, Käsewürfel geschnitten und Salzstangen hineingesteckt. Alles war auf einer Porzellanplatte drapiert, als wollte sie eine Party ausrichten. Georg hatte nicht einschlafen wollen, er lag still, wenn Birgit ihn streichelte, und schaute mit offenen Augen in die Dunkelheit. Sobald sie aus dem Zimmer schlich, wimmerte er. Birgit H. war immer wieder in sein Zimmer geeilt, bis die Mutter dem einen Riegel vorschob, dieses Theater, das Kind kommt doch nicht zur Ruhe, mach die Tür zu und lass ihn schreien, dann wird er schon müde werden. Birgit H. saß auf der Stuhlkante und lauschte, und immer, wenn sie sich halb erhob, weil Georgs Wimmern zu einem Geschrei anschwoll und ihr ins Blut drang und ihren Herzschlag beschleunigte, drückte die Mutter sie wieder auf den Stuhl, bis sie sich schließlich eine Zigarette anzündete. Die Mutter wedelte den Rauch hin und her und erinnerte an die Gardinen, die nicht nur Schmutz sehr schnell aufnehmen, sondern auch Rauch, das stinkt dann wie in einer Spelunke, aber das war Birgit H. egal, entweder man ließ sie zu Georg, oder sie rauchte.

An diesem Abend, an dem unzählige schreiende Kleinkinder, Liebhaber, aber auch Rudi Carrell, Fie-

beranfälle, Ehestreitereien und andere Herzensange-
legenheiten für erhöhten Puls sorgten, saßen Rudi H.
und Stefanie Ü., unruhig und linkisch, beim Italiener
und aßen Pizza. Zum ersten Mal unterhielten sie sich
ausführlicher, ein schwieriges Unterfangen, weil sie
nichts voneinander wussten und sehr viel lieber unbe-
kleidet im Materialkeller gelegen hätten, aber der war
ihnen versperrt, und auch das Gespräch war ihnen er-
schwert, weil sie es nicht geübt hatten und Rudi seinen
Fuß gegen Stefanies Wade drückte, und einen Wein
hatten sie auch schon getrunken, einen roten, der sich
als dunkler Rand auf Stefanies Oberlippe abgesetzt hatte.
Seit dem Anstoßen duzten sie sich, versprachen sich
ständig, aber es war auch ein Vergnügen, es barg das
Versprechen einer noch größeren Vertrautheit, als wenn
wirklich etwas Neues begänne.

Nun lernen wir uns einmal kennen.

Aber es geht nicht, wir dürfen das nicht.

Stefanie, sagte Rudi, es weiß niemand davon. Stefanie erinnerte an den Filialleiter, aber der zählte nicht,
noch waren sie unter sich, sie könnten auch ausreißen,
meine Eltern, sagte Stefanie, wenn die nur wüssten. Sie
sahen sich verlegen in die Augen, den Weinrand wollte
Rudi unbedingt noch abschlecken heute Abend, das
war wohl drin, da beugte sich Stefanie über den Tisch
und sagte etwas, das alles schon wieder gründlich durch-
einanderbrachte. Der Wein und Rudis drängender Fuß

an ihrem Knöchel, und nun auch seine Hand, die unter der Tischplatte zu ihr herübertastete, und der ungestüme Wunsch nach etwas Lautem, Frischem, Echtem ließen sie alle Vorsicht vergessen.

Niemand weiß davon, sagte sie, und ich warte doch schon auf meine Regel, vielleicht bin ich ja in guter Hoffnung, und sie errötete tief und kicherte ein wenig, weil es wirklich einen Augenblick lang wie eine gute Hoffnung erschien. Der Augenblick dauerte an, bis sie in Rudis Gesicht schaute.

Nein, sagte er, das kann nicht sein. Sie wusste nicht, wieso er sich da so sicher sein konnte, sie kannte sich ja auch nicht aus, aber die vielen Kellerstündchen würden doch wohl genügen, um ihr ein Kind zu schenken.

Ich weiß ja nicht, tuschelte sie beschwichtigend, es muss ja nicht sein, ich wollte es Ihnen, ich wollte es ja nur sagen, dir sagen. Rudi saß starr über den Pizzaresten. Eine kalte Angst fuhr ihm in die Glieder, und er wusste schon, bevor er es sagte, dass dies das Ende ihrer Vergnügungen war.

Das geht nicht. Ich bin ein verheirateter Mann.

Ich weiß doch, sagte sie beklommen, faltete die Serviette und legte sie neben den Teller, sie würden nichts mehr essen. Hätte sie nur nichts gesagt. Und nun stieg ihr etwas in die Kehle, eine erbärmliche Verlassenheit, sie sah den Abschied, noch bevor er es sagte, und mehr noch: Sie ahnte Weh und einsame Monate und

Unannehmlichkeiten, die sie sich nicht vorzustellen vermochte.

Eins ist klar, sagte Rudi und wunderte sich über die plötzliche Kühle und Entschlossenheit, mit der er nun zu Fräulein Ü. sprach, niemand darf jemals etwas erfahren. Niemals, verstehen Sie. Auf einmal wusste er genau, was zu tun war, ein ungewohnter, nicht unangenehmer Zustand. Er zog seinen Geldbeutel aus der Jacketttasche, winkte dem Ober und drückte Fräulein Ü. unter dem Tisch zwei Hundertmarkscheine in die Hand.

Sie müssen das regeln, sagte er leise und eindringlich, Sie regeln das schon. Kommen Sie, und sie standen auf, das Geld für den Ober blieb zwischen den großen Pizzatellern liegen, sie drängten aus der Tür, als hätten sie es eilig. Vor der Pizzeria standen schmiedeeiserne Tische und verschnörkelte Torbögen noch vom Sommer. Er fuhr sie nach Hause, im Auto hätte er ihr das Geld viel unauffälliger zukommen lassen können, aber das war nun egal, wenigstens war jetzt alles geregelt. Drei Straßen vor ihrem Haus fing sie an zu beben und sagte, hier, halten Sie hier. Sofort hielt er an, sie schlang sich die Arme um die Schultern und schaute ihn an. Er hob die Hände vom Lenker, als wollte er sich entschuldigen, und sah nach vorne auf die Straße und die Vorstecken. Dann sah er sie doch an und beugte sich zu ihr herüber und fasste sie am Kinn, obwohl sie so stark zitterte, als hätte sie Schüttelfrost. Er hätte sie gerne noch einmal angefasst, aber das gehörte sich nicht mit einer Schwangeren, und er wusste auch nicht, was er hätte sagen sollen. Einen Moment lang schauten sie sich schweigend in die Augen, und dann nickte er, und sie nickte auch und stieg aus und nickte noch, als sie ins Haus trat und die Mutter aus dem Wohnzimmer lachen hörte.

Als er in die Wohnung kam, waren alle Lichter ge-löscht, die Tür zum Wohnzimmer, in dem die Schwie-germutter das Sofa belegte, war fest geschlossen. Er zog sich im Badezimmer aus und legte seine Kleider über den Badewannenrand neben Birgits Büstenhalter und Freizeithose. Eine beinahe zärtliche Rührung durch-wärmte ihn, als er ihre Kleider sah, neben seinen, so wie es sein sollte, er war zurückgekommen, ein Abtrünni-ger, nach Hause zurückgekehrt. Er würde sich still ne-ben sie legen und sie nicht bedrängen, und nach einer Weile wäre alles beim Alten, und der Sehnsuchtsfaden, der sich schon jetzt in seine Andacht hineinfädelte, würde diesem Alten einen Glanz verleihen, den er vor-her nicht gekannt hatte.

Wir sollten überlegen, ob wir etwas Eigenes bauen, sagte Rudi H. am nächsten Morgen zu Birgit H., weil es ratsam und richtig war, nun ein neues Kapitel auf-zuschlagen, Darlehen für junge Familien gab es ja, und es würde ihn beschäftigen, jahrelang in Atem halten, das ging allen so, die selber bauten. Man musste Entscheidungen treffen, der Grundriss, die Bodenbeläge, das Heizungssystem, es würde Ärger geben, Fehlplanungen, vielleicht sogar Prozesse, er wusste das, er hörte es immer wieder von seinen Kunden, aber es schreckte ihn nicht. Sie würden es zusammen durchstehen.

Und Georg kriegt dann ein eigenes Zimmer.

Er hat doch schon ein eigenes Zimmer.

Ja, aber wenn noch mehr Nachwuchs kommt, sagte Rudi verschwörerisch. Die Schwiegermutter, die immer früh aufstand, um nichts zu verpassen, sah von einem zum anderen, jetzt konnte sie gleich ihre Entscheidung zur Sprache bringen, übrigens dachte ich auch daran, in die Gegend zu ziehen, ein Gästezimmer braucht ihr also gar nicht mit einzuplanen. Sie wartete darauf, dass ihr unternehmungslustiger Schwiegersohn gleich einhaken und ihr ein kleines Apartment im neuen Haus anbieten würde. Aber er starrte Birgit an, als hinge das alles von ihr ab.

Birgit H. kaute und sah auf ihren Teller. Sie wollte kein Haus bauen. Sie wollte allein mit Georg in einem warmen sonnigen Zimmer liegen, in einer Hängematte, satt und schläfrig, schweigend. Georg läge in ihrem Arm, sein feines warmes Gesicht in ihre Seite geschmiegt, die Augen geschlossen, und auch ihre Augen wären geschlossen, die Sonne läge auf ihren Gesichtern wie ein Tuch, das Schwanken der Hängematte, deren fester Stoff sie hielte wie eine Hand, und sie könnten schlafen.

Vielleicht könnten wir auch einen Garten haben, sagte Rudi.

Ihr solltet unbedingt an einen Wäschekeller denken, sagte Birgits Mutter und stand auf, um nach Georg zu schauen, der immer noch schlief, und auch, weil sie schon wusste, wann man sich zurückzuziehen hatte, solche Dinge sollten die Eheleute untereinander austragen, das hatten ihr Mann und sie auch immer so gehalten. Birgit hob den Blick.

Wie war das Geschäftsessen.

Es hat mich auf diese Idee gebracht, sagte Rudi wahrheitsgemäß, überhaupt hatte er wenig gelogen in der ganzen Angelegenheit, verschwiegen ja, gelogen nein. Nicht dass er darauf stolz wäre, er war nur so erleichtert, noch einmal davongekommen zu sein, heute Morgen von Sehnsucht keine Spur, dafür Pläne, Ideen, Tatendrang, der über Birgit H. zusammenschlug, ohne dass sie sich hatte wappnen können. Seit Monaten war sie es gewohnt, an Rudi H. vorbeizugehen, ohne dass er sie auch nur eines Blickes gewürdigt hätte, auch Georg hatte er kaum angeschaut, und nun auf einmal sollte sie mit ihm ein Haus bauen. Sie musterte ihn, sein weiches bübisches Gesicht, das Schnurrbärtchen, das er sich hatte stehen lassen, seit Georg auf der Welt war, er hatte noch keine Falten, er sah aus wie ein Schüler, der auf dem Heimweg etwas Aufregendes gefunden hat, ein Taschenmesser vielleicht oder ein Fünfmarkstück. Sie spürte sein Drängen, seine Bitte um Absolution, wofür, wusste sie nicht, und auf einmal nahm sie über die Frühstücksteller hinweg seine Hand, die auch weich und wie immer etwas feucht war, und drückte sie.

Wir könnten eine Hängematte aufhängen, sagte sie.

8. Es sind die Vögel

Er hat eine unnatürliche Neigung zu Vögeln entwickelt, sagte Rudi H. Er sagte es sachlich und ruhig, aber der Kinderpsychologe Dr. Kolk bemerkte ein untergründiges Zittern in seiner Stimme.

Nein, so kannst du das nicht sagen, unterbrach Birgit H., wieso denn unnatürlich, er spielt eben gern mit Vögeln.

Birgit, deswegen sind wir hier.

Georg spielte an einem niedrigen Tisch still mit Holzfiguren. Dr. Kolk notierte sich etwas und bat um nähere Erläuterungen.

Ist es etwa normal, wenn ein Kind vor jeder Taube und jedem elenden Spatzen zur Salzsäule erstarrt, sagte Rudi H. Er bleibt stehen wie angewurzelt, er starrt auf die Vögel, diese gerupften Stadtvögel, am scheußlichsten sind doch die Tauben, richtig aufgedunsen, also da ekelt es mich wirklich. Oft hat er Brotrinden vom Frühstück dabei, in den Hosentaschen, verstehen Sie, das darf er gar nicht, meine Frau kommt mit dem Waschen nicht hinterher.

Das macht mir doch gar nichts, rief Birgit H., hab ich mich etwa beschwert. Die wirft er ihnen hin, fuhr Rudi H. fort, aber nicht einfach so, nein, er legt sie mit einer Andacht auf den Boden, das sollten Sie sehen, und wenn sie sich dann den Bauch vollschlagen, die picken ja sofort los wie Maschinen, dann geht ein Lächeln über sein Gesicht, ein ganz merkwürdiges, ich weiß gar nicht, wie ich es Ihnen beschreiben soll.

Herr H., sagte Dr. Kolk, Sie beschreiben das alles sehr gut, aber noch sehe ich Ihr Problem nicht.

Es ist nicht mein Problem, rief Rudi H., dieser Junge tut nichts von dem, was seine Freunde machen, was heißt Freunde, er hat noch nicht einmal welche. Die kicken und rennen, da geht es schon einmal rau zu, die toben sich ordentlich aus. Ich sage zu ihm, er soll doch mal hingehen und mitmachen, aber da ist nichts zu machen. Die fragen ihn schon gar nicht mehr.

Haben Sie denn Freunde, fragte Dr. Kolk.

Entschuldigung, rief Rudi H., um wen geht es hier eigentlich. Wenn ich einmal ausreden könnte.

Georg tobt sich doch auch aus, sagte Birgit H., jedenfalls ist er den ganzen Tag draußen.

Und sitzt da wie ein Klotz, sagt nichts, hört nichts und starrt den Spatzen hinterher, rief Rudi H. Neulich war einer gestorben, der lag da in der Grünanlage, das Theater hätten Sie sehen müssen. Der war schon steif, Krallen nach oben, sicher auch giftig, die sondern doch dieses Leichengift ab. Georg hat sich daneben gehockt und stundenlang vor sich hingemurmelt, und dann hat er ihn mit ausgestreckten Händen vor sich hergetragen zum Gebüsch, und was er da gemacht hat, konnte ich nicht sehen, ich weiß nur, dass es ewig gedauert hat, und als ich darauf bestehen musste, dass wir nach Hause gehen, kam er tränenüberströmt aus den Brennnesseln, ohne Vogel. Die Stelle auf dem Weg, wo er lag, hat er noch mit Löwenzahn geschmückt. Dr. Kolk lächelte und sah zu Georg hinüber, der die Holzfiguren zusammengeschoben hatte und auf seine Hände sah.

Möchtest du zu uns herüberkommen, sagte Dr. Kolk, aber Georg schüttelte den Kopf.

Ich weiß nicht, sagte Birgit H., ich finde das alles nicht schlimm, nur das mit den Freunden macht mir doch Sorgen, ich meine, kann ein Kind immer allein sein. Er spricht auch sehr wenig, nicht dass er es nicht könnte, er tut es einfach nicht. Anfangs dachten wir ja, er hätte vielleicht ein Sprachproblem, er fing erst mit zweiundhalb an zu sprechen, alle um ihn herum redeten den lieben langen Tag, und er stand immer dabei, legte den Kopf schräg und dachte sich seinen Teil.

Es sind die Vögel, rief Rudi H., sonst ist er völlig in Ordnung, wir haben alles testen lassen.

Herr H., sagte Dr. Kolk, Sie sollten dem Jungen Zeit geben. Eine ausgeprägte Zuneigung zu Tieren ist an und für sich nicht weiter besorgniserregend, und der Spracherwerb findet zwischen dem ersten und dem dritten Lebensjahr statt, also da liegt Ihr Sohn völlig innerhalb der Norm.

Ich wollte ihm einen Wellensittich kaufen, sagte Birgit H., zum Geburtstag. Wir waren in der Zoohandlung, er sollte sich einen aussuchen, und einen schönen Käfig. Ich stand mit ihm bei den Vögeln, Papageien haben sie auch und Beos. Der eine machte ein Geräusch wie ein tropfender Wasserhahn, täuschend echt. Georg ging ganz nah an die Käfige heran, ein Sittich hatte es ihm besonders angetan, so ein himmelblauer. Der hing mit seinen kleinen Füßen am Gitter, als wollte er gekrault werden, und gluckste. Du kannst doch den nehmen, sagte ich zu Georg, da hatte er schon nach oben gelangt, das Türchen aufgemacht und nach diesem Sittich gegriffen. Er wollte ihn herausholen, aber der Sittich wich zurück in die hinterste Ecke und machte sich ganz dünn. Georg rief, der soll raus, und der Zoohändler brüllte, was soll denn das, mach sofort den Käfig zu, und mir blieb nichts anderes übrig, als Georg ganz schnell aus dem Laden zu bringen.

Du wolltest ihn befreien, sagte Dr. Kolk zu Georg.

So kommen wir hier nicht weiter, sagte Rudi H., der immer wieder unruhig auf seine Armbanduhr schaute. Dr. Kolk zuckte mit den Schultern. Georg lächelte und ging zur Tür.

9. Mittlere Höhe

Am zehnten August neunzehnhunderteinundsiebzig, zwei Tage vor seinem sechsten Geburtstag, wurde Georg eingeschult. Am dritten Juni neunzehnhundertdreiundsiebzig wurden ihm die Mandeln und die Polypen entfernt. Vom zwölften bis zum achtzehnten Oktober neunzehnhundertvierundsiebzig fuhr er mit der Klasse Vier b in das Landschulheim Wyk auf Föhr. Am fünfzehnten August neunzehnhundertfünfundsiebzig kam er auf das Otto-Lilienthal-Gymnasium. Am achtzehnten August neunzehnhundertfünfundsiebzig beschloss er davonzugehen und ging davon.

Birgit und Rudi H. fragten bei allen Krankenhäusern des gesamten Bezirks nach und erstatteten eine Vermisstenanzeige. Die Nachbarin, die Birgit H. auf der Wochenstation besucht, sich aber nicht weiter für Georg interessiert hatte, nachdem er bei einem der ersten Besuche unmissverständlich die Augen geschlossen hatte, gerade als sie mit ihm Kommt-ein-Mann-die-Treppe-hoch spielen wollte, brachte frische Schnittblumen und wollte ihn gesehen haben, auf dem Bahnhofsvorplatz mit einigem Gesindel. Birgit H. warf die Schnittblumen ins Spülbecken und schob die Nachbarin zur Tür hinaus.

Die Grundschullehrerin wollte Georg auf dem Schulhof gesehen haben, das gebe es manchmal, deutete sie an, gerade bei schwierigen, bindungsarmen Kindern könne eine intensive, fast schon symbiotisch zu nennende Nähe zu den betreuenden Personen entstehen, die dann kaum aufzukündigen sei, der Schulwechsel sei Georg also nicht leichtgefallen, sie spüre das. Birgit H. ging ohne große Erwartungen auf den Schulhof, schaute hinter dem Fahrradständer und am Sportplatz, aber da sie ihren Blick auf Kindeshöhe schweifen ließ, konnte sie nirgends eine Spur von Georg erblicken.

Die neue Lehrerin vom Otto-Lilienthal-Gymnasium unterrichtete die Kinder der Klasse Fünf c von Georgs Abwesenheit und bat um Hinweise, aber keiner hatte in den drei Tagen Georg überhaupt kennengelernt, sogar sein Tischnachbar konnte sich nur schemenhaft an ihn erinnern, der mit der spitzen Nase, sagte er nachdenklich, selbst überrascht, dass ihm nur so wenig einfiel, und alle kicherten, Spitznase, Spitzmaus, und freuten sich auf Georgs Rückkehr, dann konnten sie die neuen Namen ausprobieren. Sogar die Lehrerin musste

in sich gehen, um sich Georg in Erinnerung zu bringen, gemeldet hatte er sich nie in diesen drei Tagen, ge-
stört aber auch nicht, man könne nur hoffen, dass dem
Kerlchen nichts Ernsthaftes zugestoßen sei. Birgit H.
hatte die Kraft zu sagen, es sei sicher nichts Ernstes.

Als sie auf dem Schulhof umherirrte, saß Georg,
keine zwanzig Meter von ihr entfernt, auf dem zweit-
untersten Ast der Linde, die seit sechzig Jahren den hinteren Winkel des Hofes beschattete. Er hörte sein Herz
sehr schnell schlagen. Er hörte sie rufen, sah, wie sie
nachdenklich am Klettergerüst lehnte, eine Zigarette
rauchte und herumblickte. Wenn sie mich sieht, dachte
er, dann gehe ich mit ihr, und er wünschte sich schmerzhaft, sie möge ihren Kopf heben, nur wenige Zenti-
meter, einmal den Blick nach oben nehmen, und zugleich duckte er sich und senkte den Kopf, wenn sie
in seine Richtung schaute. Er schmiegte sich an den
Stamm, auf dem rote flache Käfer umhereilten, und
sah auf den Blättern einen feinen mehligen Belag, und
durch die Blätter die Turnstange, die Hüpfkästchen und
seine Mutter.

Inhalt

PIPER

Alissa Walser

Am Anfang war die Nacht Musik

Roman. 256 Seiten. Gebunden

Als Franz Anton Mesmer das blinde Mädchen in sein magnetisches Spital aufnimmt, ist sie zuvor von unzähligen Ärzten beinahe zu Tode kuriert worden. Mesmer ist überzeugt, ihr endlich helfen zu können, und hofft insgeheim, durch diesen spektakulären Fall die ersehnte Anerkennung der akademischen Gesellschaften zu erlangen. Auch über ihre gemeinsame tiefe Liebe zur Musik lernen Arzt und Patientin einander verstehen, und bald gibt es erste Heilerfolge …
In ihrer hochmusikalischen Sprache nimmt Alissa Walser uns mit auf eine einzigartige literarische Reise. Ein Roman von bestrickender Schönheit über Krankheit und Gesundheit, über Musik und Wissenschaft, über die fünf Sinne, über Männer und Frauen oder ganz einfach über das Menschsein.

01/1844/01/L.

PIPER

M. J. Hyland

Wie ein Mord geschieht

Roman. Aus dem Englischen von Ingo Herzke. 400 Seiten.
Gebunden

Nachdem seine Verlobte ihn verlassen hat, zieht Patrick
Oxtoby an einen entlegenen Küstenort. Dort findet der lei-
denschaftliche Mechaniker Arbeit in einer Autowerkstatt. Er
würde sich gerne mit seinem Zimmernachbar anfreunden,
dem studierten und gut aussehenden Ian aus London. Doch
sobald Ian ihm gegenüber steht, empfindet Patrick nur
noch Wut auf ihn. Wut darüber, dass Ian es ist und nicht er
selbst, der unbekümmert die Nacht zum Tag macht. Im
Glauben, dass Ian ihm sein kostbares Werkzeug weggenom-
men hat, schlägt er ihm eines Nachts mit einem Schrauben-
schlüssel auf die Schläfe. Und damit steckt Patrick mittendrin
in einem Albtraum, der nicht zu enden scheint. In uner-
schrockener und feinfühliger Prosa schreibt M. J. Hyland vom
Dilemma eines jungen Mannes. Einnehmend und beunru-
higend zugleich.

01/1857/01/R